AF343825

ABREGÉ

DE LA

PRONONCIATION

FRANÇOISE.

SUITE

DU MAÎTRE ITALIEN.

CONTENANT

TOUT CE QUI EST NECESSAIRE aux Etrangers, & aux François mêmes, pour apprendre facilement, & en peu de tems l'Ortografe, à parler, lire, & écrire le François, par de nouvelles regles autant faciles que generales, une Nomenclature, & quelques Historiettes.

Suivant le sentiment de Messieurs nos Auteurs les plus modernes, & plus approuvés.

Par le Sieur DE VENERONI, *Secretaire Interprete du Roi, Professeur des Langues Françoise & Italienne, sur le Quai des Augustins, au coin de la rüe Pavée.*

A PARIS,

Chez JEAN RICOEUR, Quay des Augustins, proche la rüe Gillecœur, à l'Image saint Augustin.

M. DCC. III.

AVEC PRIVILEGE DU ROI.

[illegible]

A MONSIEUR
MONSIEUR ·
LE MARQUIS
CORSINI.

ONSIEUR,

En donnant au Pubblic ce nouvel Ouvrage, je ne puis me dispenser de vous l'offrir, & de vous supplier de l'honorer de vôtre protection. Vous avez eu, MONSIEUR, assez de bonté d'en agréer les principes & d'en approuver la metode. Aprés le profit considerable que vous avez fait en si peu de tems dans l'étude de la langue françoise, je me flatte peut-

être trop d'attribuer à mes soins ce que vous devez uniquement à l'heureuse disposition de vôtre naturel ; qui fait que vous réüssissez avec un succés admirable dans tous vos exercices. Mais ce n'est pas là, MONSIEUR, ce qu'il y a de plus considérable en vous : la penetration d'esprit, la grandeur d'ame, & la vertueuse sagesse que vous faites paroître dans vos discours, & dans vos actions, sont autant de préjugés, que vous soutiendrez avec bonneur l'éclat de la famille tres-illustre de CORSINI, dont vous portez le glorieux nom. Famille qui depuis tant de siecles est universellement reconnuë l'une des plus considerables d'Italie, qui a toujours été feconde en hommes illustres par leur pieté, par leur valeur, & par leur savoir. Saint ANDRE' CORSINI Evêque de Fiesoli l'a renduë glorieuse dans tout le monde Chretien, qu'il a illustré par ses grandes vertus. Le celebre Cardinal PIERRE CORSINI Evêque de Florence augmenta l'éclat de son ancienne noblesse, par l'éminent merite, & le profond savoir qu'il fit paroître pendant sa Legation en Allemagne, & en d'autres importantes negotiations, aussi-bien que dans ses excellens Ouvrages. Une si noble splendeur s'y est toujours maintenuë dans la suite, par les actions heroïques de vos Ancêtres, & Monsieur PHILIPPE CORSINI vôtre tres digne Pere, qui en a herité les belles qualités, remplit aussi dignement qu'eux les Charges de Grand Ecuier & de Conseiller d'Etat à la Cour de Toscane dont il fait un des principaux ornemens. Il n'y donne pas moins de marques de sa prudence, & vaste capacité dans le maniement des grandes affaires, qu'il en donna de sa generosité & de sa magnificence à la Cour de Baviere, lors qu'il eut l'honneur d'être revêtu par son Souverain du caractere d'Ambassadeur pour aller à Munik y faire la ceremonie d'épouser au nom d Grand Prince de Toscane la Princesse Iolante de Baviere sœur de S. A. E. & la conduire ensuite à Florence. Monsieur LAURENT CORSINI vôtre oncle, Archevêque de Nicomedie, chargé des Emplois les plus importans, de Treforier General de la Chambre Apoftolique, de Gouverneur du Château S. Ange, de General des Ports de mer, & des Galeres du S. Siege, que l'Eminentiffime Cardinal CORSINI exerçoit auparavant, fait admirer à Rome les fublimes. talens, & l'élevation de fon genie en fervant la fainte Eglife avec autant de zele que Monfeigneur OCTAVIEN CORSINI la fervit dans fa Nonciature auprés de Sa Majefté Tres-Chretienne LOUIS XIII. A la veuë de tant de prérogatives de vôtre naiffance, je reconnois, MONSIEUR, davantage la petiteffe de l'offre que je prens la liberté de vous faire; mais je fuis trop engagé de publier les obligations que je vous ai, & combien j'eftime l'honneur d'être avec autant de foumiffion que de devoir,

MONSIEUR,

Vôtre tres-humble & tres-obeïffant ferviteur,
JEAN DE VENERONI.

A MONSIEUR
DE VENERONI
SECRETAIRE ET INTERPRETE
DU ROI.
ACROSTICHE.

VENERONI n'eſt pas un eſprit ordinaire,
En vain ſa modeſtie ordonne de nous taire :
Nôtre admiration malgré ſes envieux
Eclate, & ſon renom fait du bruit en tous lieux.
Rome, ainſi que Paris, admire ſon genie ;
On le voit au deſſus des fureurs de l'envie.
Ne ſait-on pas qu'il eſt par un auguſte choix,
Interprete éclairé du plus grand de nos Rois ?

GIRAULD DE SAINVILLE.

Illuſtriſſimo Domino

DE VENERONI.

POST opus exactum debetur gloria ; Doctis
Non VENERONUS eris, ſed VENERONUS eris.

BIGORENE DE BRAS.

AU LECTEUR.

CE n'eft pas pour me flater que j'affure ici, que plufieurs per-fones de diftinction à qui j'ai eu l'honneur d'enfeigner, rendront té-moignage que j'ai trouvé le fecret de donner en peu de tems le veritable accent, & la prononciation Françoife aux Etrangers. Les regles autant generales que faciles que vous trouverez inferées dans ce petit Ouvrage, vous perfuaderont de fon utilité, particu-lierement fur la pofition des articles, la concordance des noms, les Parti-cipes declinables, & indeclinables, où les François mêmes font fouvent em-baraffés. Vous y verrez auffi l'Orto-grafe Françoife, & comme on écrit differemment des mots que l'on pro-nonce de même maniere ; un recueil de Gallecifmes qui font le genie de cette langue, & quelques Hiftoriettes divertiſſantes pour aprendre à faire des recits. Enfin tous les doutes dont on ne trouvoit aucun éclairciſſement dans les autres Grammaires, y ſont expliqués ſi intelligiblement, que j'eſpere que le Lecteur en ſera content. Je le prie d'excuſer quelques fautes d'impreſſion, & de ſuivre les regles de l'ortographe comme il le jugera à propos, & de ſe ſouvenir que l'on prononce la lettre F, à la fin du mot, ſoif, & que preſentement les plus ſenſez diſent, Claude, comme on le prononce en Latin, & non pas Glode. A l'égard de l'Y, le Lecteur s'en ſervira ſuivant ſon opinion.

& autant de fois que bon luî semblera, pendant le tems de huit années consecutives, à commencer du jour qu'il sera achevé d'imprimer pour la premiere fois, le vendre & debiter par tout nôtre Roïaume, & Terres de nôtre obeïssance. Faisons défenses à tous Libraires & Imprimeurs, & autres de l'imprimer. faire imprimer, vendre ni debiter, sous quelque pretexte que ce soit, même d'Impression étrangere ou autrement, sans le consentement de l'Exposant, ou de ses aïans causes, à peine de confiscation des exemplaires contrefaits, trois mille livres d'amendes païables sans deport par chacun des contrevenans, applicables un tiers à Nous, un tiers à l'Hôtel-Dieu de Paris, & l'autre tiers à l'Exposant, & de tous dépens, dommages & interêts, à la charge d'en mettre deux Exemplaires en nôtre Biblioteque publique, un en celle du Cabinet des livres de nôtre Château du Louvre, & un en celle de nôtre tres-cher & feal Chevallier le Sieur Boucherat, Chancellier de France : D'en faire faire l'Impression dans nôtre Roïaume & non ailleurs, en beau caractere & papier, conformément à nos Reglemens des années 1678. & 1686. & de faire registrer les presentes és Registres de la Communauté des Marchands Libraires de nôtre bonne Ville de Paris, à peine de nullité des presentes, du contenu desquelles Vous mandons & enjoignons faire joüir & uïer l'Exposant ou ceux qui auront droit de lui, pleinement & paisiblement, cessant & faisant cesser tous troubles & empêchemens au contraire : Voulons qu'en mettant au commencement ou à la fin dudit Ouvrage l'Extrait des presentes Lettres, elles soient tenuës pour dûëment signifiées. & qu'aux copies collationnées par un de nos amez & feaux Conseillers Secretaires, foi soit adjoûtée comme au present ori-

ginal. Commandons au premier nôtre Huiſſier en
Sergent ſur ce requis, faire pour l'execution des
preſentes tous Exploits, ſignifications & autres actes
de Juſtice neceſſaires, ſans demander autre permiſſion. Car tel eſt nôtre plaiſir. Donné A Paris, le
4. Novembre 1694. & de nôtre Regne le 52.
Signé, par le Roi en ſon Conſeil,

D U G O N O.

*Regiſtré ſur le Livre des Imprimeurs & Li-
braires de Paris, le 20. Novembre 1694.*
Signé P. A u b o ü i n, *Sindic.*

Achevé d'imprimer pour la premiere fois
le 20. Fevrier 1703.

Les Exemplaires ont eſté fournis.

A P P R O B A T I O N.

J'Ay lû par ordre de Monſeigneur le
Chancelier *La Nouvelle Grammaire Françoiſe du ſieur Veneroni*, & j'ay cru que l'impreſſion en pouvoit être ſoufferte, pourveu
que le Public fût averti de ne pas ſe fier in-
diſtinctement à tout ce qui eſt donné pour
regle & pour deciſion. Fait à Paris ce 22.
Juillet 1702.

F o n t e n e l l e,

GRAMMAIRE

GRAMMAIRE
FRANÇOISE,
DE VENERONI.
PREMIERE PARTIE.

DE LA
PRONONCIATION.

LES François ont vingt-deux lettres, qui sont.

A, B, C, D, E, F, G, H, I, L, M, N, O, P, Q, R, S, T, V, X, Y, Z.

Que l'on prononce

A, Bé, Sé, Dé, E, eF, Jé, acHe, I, eL, eM, eN, O, Pé, Qu, eR, eS, Té eV, icSe, Igrec, Zed.

La lettre, K, n'est plus en usage.

Nos Auteurs modernes en ont bannis avec raison l'y, & l'on ne s'en sert plus, que dans le mot, yeux, *oculi;* & quand, y, est une adverbe de tems, ou de lieu, comme, il y a un an *est annus,* vel, *ab anno.* Il y avoit un homme, *erat homo.*

On n'écrit plus, *moy, toy, luy, je parleray, je*

A

donnerai, je dirai, je sortirai, mais moi, toi, lui, je parlerai, donnerai, dirai, sortirai, & de même dans tous les futurs.

Les lettres se divisent en voïelles, & en consones.

Les voïelles sont A, E, I, O, U,

Les autres lettres sont des consones.

DE LA

PRONONCIATION

DES

VOIELLES.

A

L A Voïelle, A, se prononce de même qu'en Latin, exemple, *camarade, cavalcade, paradis.*

La Voïelle A, est un mot, qui a deux significations, & on l'écrit de deux manieres, sçavoir, *a,* ou *à.*

L'*a,* sans accent est la troisiéme persone du present du verbe *avoir,* comme, il a, *habet.*

Quand la Voïelle *a,* n'est pas la troisiéme persone du present du verbe *avoir,* on met un accent grave, sur *à,* comme. *à moi; à toi; à lui; à Paris; à lire, à chanter; à entendre.*

E

L A Voïelle, E, se prononce de deux manieres, en *e* masculin, & en *e* feminin.

E *masculin.*

L'*E*, masculin est quand il est marqué d'un accent aigu, à la fin d'un mot, on le prononce à peu prés comme l'*e* Latin ; mais avec plus de douceur, comme, *Abbé, cedé, donné, aimé, adoré, forcé, marché, salé, dignité, fidelité.*

L'*E* est aussi masculin dans les commencemens des mots, ou *e*, est une sillable, comme, *ecole, edit, eglise, eviter,* &c. Et de même quand, *e*, est devant une Voïelle, comme, *agreable, créér* ; & dans les mots qui sont composés de *pre*, comme *predire* ; *preferer* &c.

On donne la prononciation de l'*e* masculin à tous les Verbes terminés à l'Infinitif en *er* comme ; *donner, parler, chanter,* prononcéz, *donné parlé chanté,* comme s'il n'y avoit point d'*r* à la fin.

On marque d'un accent les mots terminés en *és*, & en *et*, qu'il faut prononcer masculin comme, *auprés, exprés, procés ; effét, sujét,* pour les distinguer de *graces, places, services* & autres semblables où *e* est muet, ou feminin.

Prononcéz *e*, comme un *e* masculin dans les mots suivans qui commencent par *re*, comme, *repeter, repondre, reciter, recit, rediger, reduire, reduction, Regent, regir, reception, regler, rechaud,* ou il faut prononcer *re* comme *ré.*

On prononce l'*e*, plus ouvert dans les mots ou *ë* est marqué de deux points au milieu d'un mot, comme, *boëte Poëte.*

E *feminin.*

L'*E* feminin, que l'on apele aussi, *e,* muet, n'est jamais marqué d'accent, & ne se prononce que foiblement à la fin des mots, & comme s'il n'y avoit

point d'*e*. Exemple; *pere* , *mere* , *fidele, coûtume, &c.*
lifez , *per , mer , fidel , coûtum.*

L'*e* eft auffi feminin à la fin des mots qui finiffent en
uë , avec deux points fur *ë* , comme *batuë , perduë,*
que l'on prononce en avançant les deux levres en dehors, comme s'il y avoit un *u* aprés , *é* en difant batu
ëu , perdu *ëu.*

L'*e* fe prononce bref au commencement des mots, *recevoir, recommencer, refufer, rehauffer , retour , retourner, revenu, revenir, venir, rechercher, reprendre, remercier* , & de même dans les mots *devant , petit , celui,
cela* , où l'on doit prononcer, *e* bref, c'eft-à-dire ,
comme s'il n'y avoit prefque point d'*e* ; & non pas ,
comme la plus part des Etrangers, & Gafcons, qui difent *vénir , récévoir , rémercier*, &c. *pétit céla.*

Il y a fort peu d'Etrangers qui prononcent bien les
monofillabes,

ce , de , je , le , me , ne , que , fe , te ,

Qu'il faut prononcer à peu prés , comme ,

ceu , deu , jeu . leu , meu , neu , queu,

feu , teu ,

Ou comme les Alemans prononcent,

çö , dö , iö , lö , mö , nö , *&c.*

Et non pas

cé , dé , jé , lé , mé , né , qué , fé , té,

C'eft pourquoi , il faut qu'ils s'apliquent
à bien prononcer.

Je fuis bien aife de ce que tu ne me
le refufes pas.

Tout mon mal ne vient , que de ce
que je ne t'ai pas veu.

En prononcés *an* , comme : *entendement , entre,
rendre*, dites , *antandemant , antre , randre* , & de

même dans les mots & les fillabes où la lettre *e* eſt devant une , *n*.

Exceptéz le ſeul mot ennémi , & quand devant *en* il y a un *i* dans une même fillabe , comme : *mien* , *tien* , *fien* , *vient* , *Sebaſtien* , *Iulien* ; où il faut prononcer *e* comme *e* , & non pas comme , *a*.

Dans les mots *ſcience* , *patience* , dites , *ſiance* , *patiance* , parceque la Voïelle *i* , n'eſt pas dans la même fillabe que , *en*.

Em devant une Conſonne , dites *an* , comme : *embaler* , *Empereur* , dites , *anbaler* , *Anpereur*.

Em devant une Voïelle prononcés *e* & *m* ſeparement , comme : *email* , *emeraude* , *emotion emulaſion*.

I.

LA lettre *I* , ſe prononce toûjours de même , comme : *civilité* , *illicite* , *ſimplicité*.

☞ Remarquez , que la Voïelle *i* , devient conſone , toutes les fois qu'elle commence une fillabe avec une autre Voïelle , comme :

ja , je , jo , ju ;

Alors on doit écrire *i* avec une queuë , comme :

jardin , jetter , joli , juſte ,

☞ Il faut ſe ſouvenir que l'on met deux points ſur *i* quand il eſt entre deux Voïelles & qu'on le prononce , comme s'il y en avoit deux : Exemple, *moïen* , *raïon* , *païs* , *voïelle* , *aïons* , *aïez* , dites , *moiien* , *raiion* , *paiis* , *voiielle* , *aiions* , *aiiez*.

O.

O , ſe prononce ſans difficulté , comme : *obole* , *orloge*.

A iij

V.

IL y a deux fortes d'*V*, comme il y a deux fortes d'*I*. ☞ *V*, eft Confone quand il commence une fillabe, avec une autre Voïelle, comme

va, ve, vi, vo, vu,

Exemple, *valeur, vertu, vivacité, vôtre, vulgaire.*
☞ La prononciation de l'*V* Voïelle, eft difficile pour les Etrangers, pour en faciliter la prononciation à ceux, que j'ai l'honneur d'enfeigner, je leur fais repeter plufieurs fois les lignes fuivantes.

La curiofité du Duc fut punie d'un fuplice plus cruel, que celui du feu : fi j'euffe pû lui predire fon malheur, une, ou deux heures plûtôt, il eut été le plus heureux de tous les humains.

Il faut auffi s'appliquer à bien proooncer.

un, une, aucun, aucune, inutile, lieu, milieu, une lieuë, glorieux.

Et prendre garde de ne pas dire,

in, ine, auquin, auquine, initile.

Y

ON met *Y* au nombre des Voïelles & on le prononce comme, *i.*

DE LA
PRONONCIATION
DES
CONSONES.

☞ IL ne faut pas prononcer la derniere lettre d'un mot, qui finit par confone quand il eſt devant un autre mot, qui commençe par confone, comme,

. Il faut ſe défier de l'eſprit trop dangereux des mutins, qui ont le ſang tres-chaud

Prononcez

i fo ſeu defié deu l'eſpri trop dangereu dé mutin, qui on leu ſan tré cho.

La lettre *n*, eſt exceptée, on la prononce à la fin des mots, comme : *Le bon pain de Goneſſe, la proviſion de la garniſon.*
☞ Si le mot qui finit par confone, eſt devant un autre mot, qui commence par voïelle, il faut prononcer la derniere confone du premier mot, comme ſi elle en étoit detachée, pour commencer le mot ſuivant;

Exemple

nous irons; tout eſt fini; viendront elles.

Prononcez

nou ſirons ; tou t e fini ; viendron t
elles

Les conſones ſe prononcent ſelon l'ordre alphabeti-
que ſuivant.

B.

La lettre *B*, ſe prononce, comme dans toutes les
autres langues, exemple ; barbare, barbe, Jacob.
Plomb, prononcez *plon*

Que Meſſieurs les Alemans ne confondent pas le *b*,
avec le *p*, la diference ſe trouve entre *boire*, *bibere*,
& poire, *pira*, entre *baiſſez*, *dimitte* ; & *paiſſez*,
paſcite.

C.

Ca, ce, ci, co, cu,

Prononcez

Ca, ſe, ſi, co, cu.

Exemple, caſcade, Ciceron, France, côté, curieux

cha, che, chi, cho, chu,

Prononcez ces ſillabes, plus doucement qu'en Latin,
& de même que les Italiens prononcent *ſcia*, *ſcie*, *ſci*,
ſcio, *ſciu*, comme : *chanter*, *chercher*, *Chirurgien*,
choc, *choiſir*, *chucheter*. Exceptez, *chiromantie*, *chœurs*
qu'il faut prononcer, кiromanſie, кœur.

Claude, *Claudius* prononcez glode.

Le Cam de Tartarie, dites le Can de Tartarie.

D.

On ne prononce pas *D*, à la fin des mots comme ;

lemand, bled, bond, Flamand, grand, gond,
...and, nid, pied : on écrit presentement *pied*, & *pie*.

☞ Il faut prononcer *d*, comme *t*, dans les mots
...and & *quand*, lors qu'ils sont devant un mot, qui
...ommence par voïelle, comme *grand esprit? quand
...veut*, dites, *grant espri ; quant il veu*.

☞ On prononce aussi le *d*, comme un *t* à la troi-
...éme persone des verbes, qui finissent en *d*, quand
...ls sont devant une voïelle ; comme, *prend-il tout ;
vend-on ; rend elle*, prononcez *prent i tou ; vent on,
rent elle*.

Il faut prendre garde de confondre le *d*, avec le *t*,
car il y a de la difference, entre, *don*, & *ton* ; entre
il *dort*, & il a *tort*.

F.

Ne confondez point *f* avec *v*, il y a bien de la
difference entre,

voulez-vous vendre ce verre
& voulez-vous fendre ce fer,

F se prononce à la fin des mots, comme ; *la nef, le
Iuif, le suif*, excepté, *la soif, la clef*, que l'on prononce *la soi, la clé*, on écrit à present *la clé*, sans *f*.

G.

Ge, gi, dites, *je, ji*, comme ; *genie, geste, gibier,
giroflée*.

☞ *G*, devant toutes les autres lettres se prononce
comme en Latin.

Les Etrangers doivent s'apliquer à bien prononcer ;
*sage, homage, usage, volage, presage, ange loüan-
ge, prodige, vestige, eloge, orloge*, comme aussi, *jardin, joli, juste*.

H.

On prononce la lettre *H*, de deux manieres, fans afpiration, & avec afpiration,

Quand on le prononce fans afpiration, il n'a aucun fon, & on abrege les articles devant *h*, de même que devant les voïelles, comme ; *l'habit, l'herbe, l'heure, l'hiftoire, l'homme, l'honneur, l'hoteffe, l'huile, l'humeur, de l'habit, à l'herbe* &c

☞　*L'homme, les hommes*, dites, *l'om, les om.*

Quant la lettre *H*, fe prononce avec afpiration, on ne fait point d'abreviation devant.

RECUEIL

Des mots où on prononce H avec afpiration.

Le hableur, habler.	la hardieffe.
la hache, hacher.	le harnois.
le hachis.	la harpe.
la haïe.	la hard.
la haine, haïr.	la hate, hater.
le hairon.	hautbois.
le hàle, haler.	havir.
la hale.	le Havre, ville.
le hameau.	un homme havre.
la hanche,	le haut, la hauteur.
le haneton.	le haufecol.
le haniffement, hanir.	le hazard.
hanter.	hazarder.
la haquenée.	le heaume.
le haquet.	la herne.
le harang.	le heros.
la harangere.	la herce, hercer
la harangue, haranguer.	heurter.
les hardes.	le hibou.
le hardi,	la honte,

le hoquet.
le houblon.
la houlette.
la houppe.

la housse.
la houssine.
la hure.
le hurlement.

L.

La lettre *L*, se prononce, comme dans les autres langues.

☞ Deux *ll*, aprés un *i*, que les François appelent *l* mouillée, ou *l* liquide, se prononcent comme les Italiens prononcent *gli*, Exemple, *bataille, bataillon, caille, abeille, boüillie, boüillon, famille, fille, grille, maille, paille, taille, pillage, piller, volaille*, dites *batalie*, &c. à peu prés comme si la lettre *i*, qui est devant la premiere *l*, étoit changée en la seconde, *l*.

☞ On prononce aussi, *l* mouillée dans les mots qui finissent par *l*, lorsque devant *l*, il y a deux voïelles, comme *cercueil, mail, pareil, recueil, soleil, œil, travail, vermeil*, il faut excepter les mots suivans, *mille, poil, pupille, tranquille, ville* ou les *ll* ne sont point liquides.

☞ Il ne faut point prononcer *l*, dans les mots, *fusil, gentil, outil*, & dire *fusi, genti, outi*.

On écrit *col, fol, mol, sol*, & *cou, fou, mou, sou*.

M.

Prononcez, *M* comme *n*, à la fin des mots, exemple, *faim, nom, parfum*, dites *fain, non, parfun*.

Souvenez-vous que *em* se prononce *an*, comme vous avez vû folio 4.

N.

☞ Dans les tems des verbes qui finissent en *ent*, il ne faut point prononcer *nt*, exemple, *ils parlent, ils diſent, ils chantent, dites, i parle, i diſe, i chante.*

P.

P , ſe prononce ſans difficulté, comme , *Pape, pipe, populace.*

On écrit à préſent , *Filoſofe, fantome, Filippe,* & non plus *Philoſophe, phantome, Philippe.*

Q.

Qua , que , qui quo, dites *ka , ke , ki ko,* exemple , *qualité , queſtion , quittance , quotidien.* Que , dites , Keu.

R.

☞ Il faut prononcer R , à la fin des monoſillabes , & des mots terminés en *ar*, en *eur*, en *oir*, & en *our*, comme , *hier , fier , ſur , mur , pour , nectar , char, cœur, amour, detour, douleur, pouvoir, vouloir, avoir, valoir.*

On ne prononce point *r*, à la fin des mots de plus d'une ſillabe terminée en *ier*, comme , *cavalier , chevalier, piquier, jardinier, cordonier;* dites, *cavalie, chevalie, piquie, jardinie, cordonie,* & n'appuïez gueres ſur l'*e*, qui eſt à la fin.

Vous avez déja vû qu'il ne faut pas prononcer *r*, à la fin des verbes en *er*, comme, *chanter , donner, prier,* dites, *chanté , donné. prié.*

Prononcez R, à la fin du mot , *amer , amarus.*

☞ On ne prononce point *r*, à la fin des verbes en *ir*, comme , *ſortir, punir, finir,* dites, *ſorti, puni, fini.*

S.

Il n'y a point de difficulté à prononcer,
ſa , ſe , ſi , ſo , ſu ,

commencement d'un mot , comme , *santé*, *secret*, *sincere* , *soleil* , *superbe*.

☞ Les Etrangers particulierement , les Suedois , & les Danois ont de la peine à bien prononcer , *s* , entre deux voïelles.

Quand,

sa , se , si , so , su ,

font entre deux voïelles , il faut prononcer *s* , comme, z. Exemple , *casaque* , *presence* , *vision* , *positif* , *poison* , *prison* , *raison* , *casuel* , dites , *cazaque* , *prezence* , *vizion* , *pozitif* , *poizon* , *prizon* , *raizon* , *cazuel*.

Exceptez *presentiment* , *presentir* , *designer* , qui font des mots composez que l'on prononce autrement, que *presentement* . *present* . *desir*.

Deux *ss* , entre deux voïelles , gardent leur prononciation , en François , de même que dans les autres langues , comme : *passage* , *presser* , *possession* , *commission* , *poisson*.

T.

La fillabe *ti* , se prononce comme *si* , dans les mots qui finissent en *tion* , comme , *action* , *direction* , *definition* , *mention* , *nation* , *sedition* , *portion* , *potion*, *consolation* , dites , *acsion* , *direcsion* , *definision* , *mansion* , *nasion* &c

☞ Quand devant *ti* , il y a une *s* , il faut prononcer *ti* , rude , comme on le prononce dans les mots, *tige* , *tiran* , exemple , *digestion* , *restitution* , *constitution* , *prostitution*. Il est aisé de voir par ces trois dernieres exemples , les differentes prononciations de *ti*, & que l'on prononce , *restitusion* , *constitusion* , *prostitusion*.

☞ On prononce *ti* comme *si* , dans les mots , *abbatial* , *partial* , *patience* , *chiromantie* , *Croatie*,

Dalmatie, *profetie*, & on dit *profetique*, en *ti*, ri de, de même que, *partie*, *fortie*, *fimpatie*.

&c conjonction, dites *e*.

X.

X devant une confone, doit être prononcé comme, *cs*. Exemple, *exception*, *excepter*, *exprimer*, *exprés*, *extravagant*, *extréme*, dites *ecfeption*, *ecfepter*, *ecfprimé*, &c.

x entre deux voyelles fe prononce comme, *gz*, *exaucer*, *exercice*, *exil*, *exemple*, dites *egzaufé* *egzerfife*, *egzil*, *egzemple*.
Alexandre, prononcez, *Alecfandre*.

x, à la fin des mots fe prononce, *f*, comme, *fix*, *dix*, *noix*, *poix*, *chevaux*, *maux*, dites, *fis*, *dis*, *pois*, *chevaus*, *maus*, & de même, *fixiéme*, *dixieme*, *foixante*, *Bruxelles*, *lexive*, prononcez, *fifieme*, *difieme*, *foiffante*, *Bruffelles*, *leffive*.

Z.

Il n'y a point de difficulté à prononcer *z*, comme, *Zacharie*, *zefir*.

DE LA

PRONONCIATION

Des Diftongues, & des Sillabes, les plus dificiles â prononcer.

LE mot de diftongues, fignifie deux voïelles, que l'on prononce comme une feule, le mot Latin cælum , en fournit un exemple.

Ai, prononcez *e*.

Faire , taire , aider , aimer , païer , plaisir , *dites,*
fer , ter , edé , emé , péié , plezi.

Au , aux , eau , eaux , prononcez , *o.*

Autre , autant , *dites* , otre , otan.
Au beau chateau , *dites* , o bo chato.
Aux beaux chapeaux , *dites* , o bo chapo.
Beaucoup d'eau , *dites* , bocou d'o.
Un sceau d'eau , *dites* , un so do.
Eaux , fleau , peau , *dites* , o , fleo , po.
Aout , & Aoust , *dites,* ou.

Ei , prononcez *ee* , en une sillabe.

Enseigne , peindre , peintre , peine , teint , *dites* , an
seegne , peendre , peentre , teent , peene.

Eu , & eui , & ieu.

Les mots suivans sont dificiles à prononcer , particulierement , aux Italiens , qui doivent en apprendre
la prononciation , de la bouche de quelque Maître , ou
de quelque François.
jeune , jeunesse , jeu , feu , beu , veu , veuë , sceu , receu , beurre , peur , sœur , honneur , heure , chaleur ,
Docteur , Europe , heureux , mal-heureux , glorieux ,
serieux , accueil , deuil , fauteuil , feuille , receuil , cercueil , orgueil , les cieux , les jeux , les yeux , aujour-
d'hui.

Geai , Gea , dites , *jé , ja.*

Je jugeai , il jugea , je mangeai , il mangea ; *dites*
je jugé , i juga , je mangé , i manja , en prolongeant un
peu *e* , qui est à la fin de jugé , & mangé.

Geon, dites *jon*.

Pigeon, jugeons, mangeons, *dites*, pijon, jujons, manjons.

Cl, & *gl*.

Que Meſſieurs les Alemands, particulierement, les Auſtrichiens apprennent à prononcer, *eclat, eclatant, éclaire, éclipſe, Ecclefiaſtique, glace, gliſſer, regle, negligent, gloire.*

Iea, dites, *ja*.

Jean : *dites*, jan.

Il, *ils*, dites, *i*.

Il, & *ils*, devant une conſone, *dites*, *i*, comme, il parle, ils font, *dites*, i parle, i font.

Il, & *ils* devant, les voïeſles, dites, *il* & *ils*, il écrit, ils aimeront, *dites*, il écrit, is aimeront.

Oe, dites, *e*

Oeconome, ſœur, cœur, œil, *dites*, econome, ſeur, queur, euil, faiſant ſonner *l* de œil, comme, une *l* liquide ou mouillée.

Oi, dites, *oa*.

Moi, toi, ſoi, loi, Roi, gloire, victoire, *dites*, moa, toa, ſoa, Roa, gloare, victoare, n'appuïant pas ſi fort ſur, *a*, mais le prononceant à peu prés comme un *e*.

Prononcez de même *i*, en oa dans tous les tems des verbes, *boire, choir, temoigner*, & quand *oi*, ſera devant *gn*, comme : *éloigner, éloignement.*

Il faut auſſi prononcer *oi* en *oa* dans tous les Infinitis terminées en *oir* & dans tous leurs preſens quand

Ils finiffent en *ois*, *comme* voir, je vois, tu vois, il voit, nous voïons, à l'Imparfait *je voiois*, il faut prononcer *je voaes*, ou *je voéés*.

Oi, dites *e*.

Dans tous les verbes, croire, paroître, conoître, *comme*, je crois, je parois, je conois &c. *dites* crére, parétre, conétre, je cres je pares, je cones. On dit dans les Comedies & fur le teatre, je croa, & non pas je cres.

Ois, oit, Rois, roit, dites *e*.

Dans tous les paffés imparfait de tous les verbes ; *comme* ; je parlois, il parloit ; je difois, il difoit ; je dirois, il diroit, je ferois, il fairoit, *dites*, je parlés, i parlet &c.

Et de même dans les noms de nations, *comme* ; François, Anglois, Holandois, Milanois, *dites*, Franfé, Anglé, Holandé, Milané.

Exceptez, Danois, Suedois, Gaulois, où on pro- nonce *oi*, comme *oa* : on prononce de même *François* quand c'eft le nom d'un homme.

Oient, eoient, dites, *e*.

Ils parloient, ils chantoient, ils mangeoient, ils jugeoient, *dites*, i parlét, il chantét, i mangét, i ju- gét, fans prononcer le *t* qui eft à la fin, à moins que le mot fuivant ne commence par voïelle, comme, *ils écrivoient à Rome*, dites *is écrivet à Rome*.

Oie, dites *oa*.

Joie, proie, oie, *dites*, joa, proa, oa. On en excepte monoie, que l'on prononce, *moneé*.

Ou.

Ou prononcez comme les Italiens, & les Alemans prononcent *u*, *comme*, ou, d'où, pour, toujours, beaucoup.

Nt.

On ne prononce point *nt*, à la fin des verbes, *com-*
me ils parlent, ils disent, ils chantent, *dites*, i parle,
i dise, i chante.

Nom, *dites*, non, pronom, *dites*, pronon-
Quand, *dites*, can.
Tems, *dites*, tan.
Viel, *dites*, vieu.

Pour avoir le véritable accent François, il suffit de lire les lignes suivantes, qui contienent ce qu'il y a
de plus difficile dans la pronociation.

Il faut que les hommes soient bien
malheureux, & ennemis d'eux-mêmes, qui se voient sur le bord d'un
precipice, & ne se mettent pas en
peine de s'en éloigner ; s'ils obser-
voient plus religieusement leur devoir, ils n'offenceroient pas Dieu si
souvent ; & ne feroient pas conoître,
qu'ils n'ont, ni prudence, ni juge-
ment. Ils auroient aussi beaucoup plus
de gloire de se taire, & de faire l'aumône aux pauvres, dont ils rece-
vroient des recompenses ; que de.

ſe rendre odieux, aux yeux d'un chacun par leur mediſance, & leur avarice.

I fo, keu les om ſé bien malheu-
reu, e enemi deu me me ki ſeu voaie
ſur leu bor deun precipiſe, e neu ſeu
met pas an peene deu ſan eloagné;
sis obſervé plu religieuſeman leur
devoar, i nofenſeré pa Dieu ſi ſou-
van; e neu feré pa conetre ki n'on
ni prudanſe, ni jugeman. Is oret oſi
bocou pleu deu gloare deu ſeu ter
e de ſer lomon o povre, dont i re-
cevré dé reconpanſe, keu deu ſeu
randre odieus os ieu deun chacun
par leur mediſance e leur avarice.

RECUEIL.

De quelques mots, que l'on écrit d'une
maniere, & que l'on prononce
d'une autre.

IL y a pluſieurs mots que les François, abregent en
parlant, comme au lieu de dire.

C'eſt le   on dit.   ſel.

c'eſt le fils	*on dit,*	ſel fi
c'eſt le livre	*on dit,*	ſel livre.
ce plat		ſpla
ce plomb		ſplon
cet homme		ſtom
cette femme		ſteu fam
cette nuit		ſteu nui
à cette heure.		a ſteur
cela eſt vrai		ſla é vré
je ne ſcais point cela		ju ne ſé point ſa
de ce que		deuſque
bien , *adverbe,*		bin
bien , *nom,*		bien
cet homme a bien du bien		ſtom a bin du bien
il ſera le bien venu ,		i ſral bin venu
je le		jul
je ne le		junul
il me dit		im di
ils me diſoient		im diſet
petit		ptit
petite		ptite
nôtre		not
votre		vot.

Comme il y a quelques particularités à obſerver ſur la prononciation des articles , des noms , des tems des verbes , & des autres parties du diſcours : je traiterai de chacune en particulier , dans la ſeconde partie.

GRAMMAIRE
FRANÇOISE
DE VENERONI.

SECONDE PARTIE
Des neuf parties du discours.

Il y a neuf parties du discours, qui sont, *Article, Nom, Pronom, Verbe, Participe, Adverbe, Preposition, Conjonction, Interjection.*

DES ARTICLES.

Il y a deux sortes d'Articles, l'un defini, l'autre indefini.

Les Articles definis sont
$$\left\{ \begin{array}{l} \textit{le , la , l' , les.} \\ \textit{du, dela, del' , des.} \\ \textit{au , à la , á l, aux.} \end{array} \right.$$

ON les apele articles definis parce qu'on les met devant les noms pour definir, ou faire conoître de quel genre, de quel nombre, & à quel cas sont les noms.

DES ARTICLES

Pour marquer le mafculin, on met l'article defini, *le* comme, *fol*, le foleil ; *Rex*, le Roi ; *ignis*, le feu ; *fpeculum*, le miroir.

On met l'article defini *la*, devant les noms feminins, comme : *terra*, la terre ; *domus*, la maifon ; *mare*, la mer ; *furor*, la fureur ; *cubiculum*, la chambre.

Si le nom François commence par une voïelle, ou par, *h*, fans afpiration, on met devant les noms mafculins, & devant les feminins, *l'*, comme, *homo*, l'homme ; *amor*, l'amour ; *anima*, l'ame ; *hora* l'heure ;

Il n'y a qu'un feul article defini, pour tous les noms mafculins, & feminins au pluriel, tant pour ceux qui commencent par confone, que pour ceux, qui commencent par voïelles ou *h*, devant lefquels on met,

les , des , aux ,

comme:

Les feux, des feux, aux feux.
Les ames, des ames, aux ames,
Les heures, des heures, aux heures,

Le, la, l', les ,

Sunt figna Nominativi, & etiam Accufativi, comme, *fol*, *folem*, le foleil ; *luna*, *lunam*, la lune.

Du, de, la, de l', des,

Sunt figna Genitivi, & Ablativi, comme *fpeculi*, *à fpeculo*, du miroir ; *hominum ab hominibus*, des hommes,

au , à la , à l' , aux ,

Sunt figna Dativi, comme *igni*, au feu, *terræ*, à la terre.

L'Article
indefini eſt { *de* , *d'* , *à*

On l'apelle indefini, parce qu'il ne definit, ni ſpecifie les genres des noms . devant leſquels il eſt, &
quon peut les mettre indifferemment, devant les noms
maſculins, comme devant les feminins ; & devant le
nombre ſingulier, comme devant le pluriel : ce qui ſera
aiſé de conoitre par les exemples ſuivans , où on verra
que l'article indefini, *de*, ſe met devant toutes ſortes de
noms; comme: *une livre de pain, de viande, de
ceriſes , de fil ,de ſoie.*
   *Une aune de drap, de toile , de dentelles , de ru-
ban , de ſarge.*
   Un panier, de pommes , de poires de raiſains.
   I'ay parlé à Pierre , à Marie , à tous les voiſins.
   I'ay été à Rome, à Paris, à Orleans.
Si le mot commence , par voïelle , ou *h* , on fait une
eliſion ; comme , *un homme d'eſprit, d'honneur.*
un plat d'abricots , d'aſperges.
une douzaine d'huitres.
☞   On met les mêmes particules , *de , d' , à* , devant les Infinitifs , comme , *Il eſt difficile de faire , d'écrire , de dire cela.*
Cela eſt aiſé à faire , à écrire , à dire.
☞   Les mots *un , & une* , ſervent auſſi d'articles
dans la Langue Françoiſe , comme , *un homme , d'un
homme , à un homme ,*
Un chapeau, d'un chapeau . à un chapeau ,
Une lettre , d'une lettre , à une lettre.
   On ſe ſert ordinairement de *un , & une* , pour repondre aux interrogations , comme : *Quis eſt* ? qui eſt-ce;
on repond , *eſt homo , eſt puer , eſt puella* , c'eſt un
homme , un garçon , une fille.

☞ Si l'on specifioit, ou determinoit particulierement, on diroit, *c'est l'homme, le garçon, la fille d'un tel, dont je vous ai parlé.*

Vöiez dans la troisiéme partie les regles sur la construction des Articles où vous trouverez toutes les difficultez éclaircies.

DES NOMS.

CHacun sçait ce que c'est que nom propre, comme ; *Pierre, Paul, Iean, Marie, Anne.*

Les Noms sont Substantifs ou Adjectifs.

Le nom *Substantif*, est le nom d'une chose, que l'on conoit quand on la nomme, comme, *ciel, terre, Ange, arbre, fruit, fleur, bois, foret, vertu louange, pluïe, vent, homme, femme,* &c. on sçait ce que c'est de ces noms, quand on les nomme.

Le nom *Adjectif*, est ce que l'on adjoute à un *Substantif,* pour en marquer les bonnes, ou mauvaises, qualités, les couleurs, & la mesure, comme ; *bon, bonne ; mauvais, mauvaise ; pauvre ; riche ; sage ; illustre ; ignorant, ignorante ; blanc, blanche ; rouge gris, grise ; long ; longue ; large ; haut, haute.*

Il n'y a que deux genres dans la Langue Françoise, le masculin & le feminin.

☞ Le nom Substantif, n'est que d'un genre, & jamais de deux. On conoit le genre, par les articles que
l'on

l'on met devant les noms ; comme, le ciel, la terre , le
fruit , la fleur , le caroſſe , le bois , la forêt , le vice ,
la vertu.

☞ Le nom adjectif, eſt toujours de deux genres,
parce qu'il eſt ſujet au ſubſtantif, comme : *le bon vin ;*
la bonne eau ; le mechant homme ; la mechante
femme ; le pauvre enfant ; la pauvre fille ; un drap
blanc ; une étofe blanche ; on void par ces exemples,
que quand le ſubſtantif eſt du maſculin, ou du feminin , il faut abſolument , que l'adjectif ſoit de même
genre.

Les noms ſe declinent par les articles , qui font le
changement des *cas*, dont je donnerai une exemple de
chaque declinaiſon.

Le nom eſt de même dans tous les *cas* ; & ne change , que du ſingulier , au pluriel : comme , *le Roi , du*
Roi , les Rois , des Rois ; l'honneur , les honneurs ;
l'ame , les ames ; l'homme , de l'homme , les hom-
mes , des hommes ; l'heure , de l'heure les heures,
des heures.

Declinaiſon des Noms maſculins &
feminins , qui commencent par
conſonne.

S. Nom. & Acc.	*le Roi ,*	*la Reine.*
Genit. & Abl.	*du Roy ,*	*de la Reine.*
Datif,	*au Roy,*	*à la Reine.*
P. Nom. & Acc.	*les Rois,*	*les Reines.*
Gen. & Abl.	*des Rois ,*	*des Reines.*
Datif,	*aux Rois ,*	*aux Reines.*

Je n'y met point de Vocatif, parce qu'il s'exprime par
ô , dans toutes les Langues.

B

Declinaison des noms masculins, & feminins qui commencent par voïelle, & par *h*.

S. Nom. & Ac.	*l'amour*	*l'ame.*	
Gen. & Ab.	*de l'amour,*	*de l'ame.*	
Datif.	*à l'amour,*	*à l'ame.*	
P. Nom. & Ac.	*les amours,*	*les ames.*	
Gen. & Ablatif.	*des amours,*	*des ames.*	
Datif	*aux amours,*	*aux ames.*	
S. Nom. & Acc.	*l'honneur,*	*l'heure.*	
Genit. & Ablatif	*de l'honneur,*	*de l'heure*	
Datif	*à l'honneur*	*à l'heure.*	
P. Nom. & Accuf.	*les honneurs,*	*les heures.*	
Gen. & Abl.	*des honneurs,*	*des heures.*	
Datif	*aux honneurs,*	*aux heu-*	
		(res.	

Declinaison des noms avec l'article defini.

On n'y met point d'article au nominatif, ni à l'accufatif.

On peut mettre l'article indefini devant toute forte de noms ; comme : une courone *de Roi, de Reine, de papier, de paille, de laurier, de rofes, de fleurs.*

Les noms propres, & les noms de Villes font declinés par l'article indefini, comme,

Nom. & Ac.	*Pierre,*	*Rome,*	*Anne.*
Gen. & Ab.	*de Pierre,*	*de Rome*	*d'Anne.*
Datif	*à Pierre,*	*à Rome,*	*à Anne.*

Pour former le pluriel des Noms.

ON forme presque tous les pluriels des noms François, en mettant la lettre, *s*, à la fin des noms, comme ; *le Prince, les Princes; l'ame, les ames; la maison, les maisons; l'esprit, les esprits; l'homme, les hommes; le jour, les jours.*

☞ Les noms qui finissent au singulier par *s*, *x*, & *z*, font le pluriel, de même que le singulier ; il n'y a que l'article, qui les distingue, comme : *le mois, les mois : le bois, les bois; le vertueux, les vertueux : la noix, les noix ; le nez, les nez.*

☞ Aux noms feminins en *té*, on ajoûtoit autrefois un *z*, pour les mettre au pluriel, presentement ces noms suivent la regle ordinaire, en ajoûtant *s*, & on écrit *les veritez, les difficultés, les honnêtetés*, avec un accent sur, *é*.

☞ Les participes, ou supins des verbes en *er*, font le singulier en *e*, & le pluriel en *es*, & pas en *ez*, comme ; *vos livres sont estimés, recherchés, loüés, approuvés, aimés, augmentés*, & non pas *estimez, recherchez, loüez, approuvez, aimez, augmentez*, qui sont les secondes persones du present au pluriel.

Il y a tres-peu d'Auteurs qui n'aient fait cette faute.

Les noms qui sont terminés en *ant*, & en *ent* ; font au pluriel, *ans*, & *ens* : comme ; *constant, prudent, sacrement ; constans, prudens, sacremens.*

Pour former le pluriel des monosillables & autres noms finis en *d*, ou en *t*, on y ajoûte une *s* comme *le bond, les bonds ; le fond, les fonds ; le gond, les gonds; la dent, les dents ; le fruit, les fruits; le fagot, les fagots; le Magistrat, les Magistrats.*

Aux noms en *au*, & en *eu*, on ajoûte *x*, *beau*,

manteau : beaux , manteaux ; feu, jeu : feux jeux.

Les terminaisons, *al* , & *ail* , changent en *aux* ; comme : *l'animal , les animaux : le cheval, les chevaux ; le travail, les travaux ; le journal , les journaux ; le betail ,* on dit *les bestiaux.*

Exceptez , *attirail , bal , carnaval , évantail , fatal , mail , naval , serrail ,* qui font , *attirails , bals, carnavals , évantails ; fatals , mails , navals , serrails.*

Le ciel, fait au pluriel , *les cieux.*

Le ciel de lit , on dit , *les ciels de lits.*

L'œil , fait , *les yeux.*

Le genou , les genoux.

☞ Il y a des noms qui n'ont point de singulier, & que l'on met toûjours au pluriel; comme : *les ancêtres les ciseaux . les lunettes , les hardes , les mouchettes les vacances , les Vpêres.*

Des noms Adjectifs.

IL y a deux sortes de noms adjectifs , les uns changent de terminaisons , pour devenir feminins; comme , *bon , bonne ; beau , belle ; grand , grande ; frais , fraiche.*

Il y en a d'autres , qui sans rien changer font masculins, & feminins : ce font ceux qui font terminés en *e*; comme : *le sage , la sage ; le riche , la riche ; l'illustre , l'illustre , &c.*

Les autres noms adjectifs masculins deviennent feminins selon les terminaisons suivantes,

C.

Les adjectifs masculins , qui finissent en *c*, font le feminin , en *che* ; comme : *blanc , blanche ; franc* franche ; fec, feche.

Les trois fuivans font en *que*, *Grec*, *Greque* ; *public*, *publique* ; *Turc*, *Turque*.

D.

Aux Adjectifs en *d*, on adjoûte un *e*, comme : *grand*, *grande* ; *blond*, *blonde* ; *froid*, *froide* ; exceptez, *crud*, *cruë* ; *nud*, *nuë* ; où on change *d*, en *e*.

E.

Les Adjectifs en *e*, fervent pour le mafculin, & le feminin ; comme il eft marqué cy-deffus. Exemple ; *le large*, *la large* ; *le fage*, *la fage*.

Les participes mafculins en *é*, font *ée*, comme : *aimé*, *aimée* ; *porté*, *portée*.

F.

On change *f*, en *ve*, comme : *captif*, *captive* ; *neuf*, *neuve* ; *veuf*, *veuve* ; *vif*, *vive* ; *adoptif*, *adoptive* ; *paffif*, *paffive*.

G.

Long, fait au feminin, *longue*.

I.

Aux noms Adjectifs, & Participes en *i*, on ajoûte *e*, comme ; *joli*, *jolie* ; *hardi*, *hardie* ; *fini*, *finie* ; *forti*, *fortie* ; *gueri*, *guerie*.

L.

Aux noms Adjectifs en *al*, on adjoute un *e* ; comme : *general*, *generale* ; *brutal*, *brutale* ; *principal*, *principale*.

Aux noms en *el*, en *eil*, & en *ol*, ajoûtéz *le* ; comme ; *cruel*, *cruelle* ; *criminel*, *criminelle* ; *pareil*

pareille ; vermeil, vermeille ; fol, folle ; mol, molle ; frivol, frivolle ; gentil, fait gentille, avec deux *ll*.
Civil, & subtil, font civile, & subtile, avec une *l*.

N.

Les Adjectifs en *n*, font leur feminin, comme il s'en suit : mignon, mignone ; chrétien, chrétienne ; Paien, Païenne ; certain, certaine ; vilain, vilaine ; fin, fine ; plein, pleine ; chagrin, chagrine ; malin, maligne ; benin, benigne.

S.

Aux noms adjectifs qui finissent en *is*, & en *ais*, on ajoûte un *e*, comme ; bis, bise ; gris, grise ; mauvais, mauvaise ; niais, niaise. Exceptez, frais, fraiche ; épais, épaisse.
Les noms en *as*, & en *es*, font *asse*, & *esse* ; comme : gras, grasse ; gros, grosse. Exceptez, ras, qui se dit en Latin *rasus*, fait *rase* au feminin.
Clos, close. inclus, perclus, incluse, percluse.

T.

Aux Adjectifs en *t*, on ajoûte un *e*, comme : étroit, étroite ; adroit, adroite ; droit, droite ; parfait, parfaite.
Aux noms en *et*, on ajoûte *te*, comme, complet, complette ; discret, discrette ; net, nette.

V.

Les Adjectifs en *eau*, changent *eau* en *elle* : comme beau, belle ; nouveau, nouvelle.
Devant les noms masculins, qui commencent par voïelle, ou par *h*, on met *bel*, *nouvel* ; comme : bel homme, nouvel instrument.
Les Adjectifs en *u*, font *ue* ; comme : bossu, bossuë ; tortu, tortuë ; perdu, perduë.

X.

Heureux , fait au feminin , *heureuse* , & tous les noms en *eux* de même.
doux , fait *douce* ; *faux* , *fausse*.
jaloux *jalouse* ; *roux* , *rousse*.

Des Comparatifs.

L E S Comparatifs François, font des Adjectifs devant lesquels on met *plus* , comme : *pulchrior* , plus beau ; *sanctior* , plus saint : aprés le Comparatif on met *que* , comme : *pulchrior sole* , plus beau que le soleil , *major terrâ* , plus grand que la terre.

Bon , fait au Comparatif , *meilleur* , & non pas , *plus bon*.
Bien , fait , *mieux*.
Mal , fait , *pire* , & *plus mal*.
Mauvais , fait , *pire*.
Petit , fait , *moindre* , & *plus petit*.

Des Superlatifs.

L E Superlatif s'exprime par *le plus* , *la plus* , *les plus* , *tres* , & *fort* , comme : *le plus grand* ; *la plus belle* , *la plus jolie* ; *tres-belle* , *fort belle* , *tres-grand* , *fort grand*.

☞ Remarquez que *tres* , est plus energique que *fort*.

La populace dit au Superlatif , *je suis vôtre serviteur bien humble* ; ce qu'il faut éviter , & dire , *je suis vôtre serviteur tres-humble*.

B iiij

Des Noms de nombre.

UN, *une, deux, trois, quatre, cinq, six, sept, huit, neuf, dix, onze, douze, treize, quatorze, quinze, seize, dix sept, dix-huit, dix neuf, vingt, vingt & un. vingt-deux, vingt-trois, vingt quatre, vingt cinq* &c. *trente, trente & un, trente deux, quarante, cinquante, soixante, soixante-& dix, quatre-vingt, quatre-vingt dix, cent, deux cent, trois cent* &c. *mille, deux mille* &c. *un millier, un million,*

Prononcez *quatrevins hommes*, & non pas *quatre vint hommes*, comme font plusieurs Etrangers.

Les Noms numeraux ne changent point, il n'y a que *un*, qui fait *uns, une,* & *unes*, comme : *les uns, les unes,* les autres sont toûjours de même.

Quand le nombre *un*, est aprés, *vingt, trente, quarante, &c.* on dit, *vingt & un, trente & un* &c.

Des Noms Ordinaux.

PRemier, *second, troisiéme, quatriéme, cinquiéme, sixiéme, septiéme, huitiéme, neuviéme, dixiéme, onziéme, douziéme, treiziéme, quatorziéme, quinziéme, seiziéme, dix-septtiéme, dix-huitiéme, dix-neufviéme, vingtiéme, vingt & uniéme, trentiéme, trente & uniéme, quarantiéme, cinquantiéme, soixantiéme, soixante & dixiéme, quatre-vingtiéme, quatre-vingt dixiéme, centiéme, milliéme, le dernier*

Voïez dans la troisiéme Partie les Concordances des Articles, des Noms, & des autres Parties du discours.

DES PRONOMS.

IL y a sept sortes de Pronoms dans la Langue Françoise , sçavoir; *Perfonels, Conjonctifs; Poffeffifs;
Demonftratifs ; interrogatifs ; Relatifs ; & Impropres.*

Pronoms Perfonels.

LES Pronoms Perfonels font , *je , tu , il , elle ,
nous , vous , ils , elles.*

Les Pronoms Perfonels , fe declinent avec l'Article
indefini , *de , a , de.*

Declinaifon des Pronoms Perfonels.

PREMIERE PERSONE.

S. Nomin.	je , & moi,	ego.
Genit.	de moi ,	mei.
Dat.	à moi ,	mihi.
Accuf.	moi ,	me.
Abl.	de moy ,	à me.

P. Nomin.	nous ,	nos.
Genit.	de nous ,	noftri.
Dat.	à nous,	nobis.
Accuf.	nous,	nos.
Ablat.	de nous ,	à nobis

SECONDE PERSONE.

S. Nom.	tu , & toi,	tu.

B v

Gen.	de toi ,	*tui.*
Dat.	à toi ,	*tibi.*
Accuſ.	toi ,	*te.*
Ablat.	de toi ,	*à te.*

P. Nominat.	vous,	*vos.*
Genit.	de vous ,	*veſtri.*
Dat.	à vous ,	*vobis.*
Accuſ.	vous ,	*vos.*
Ablat.	de vous,	*à vobis.*

TROISIE'ME PERSONE.

Au masculin

S. Nom.	il , & lui ,	*ille.*
Gen.	de lui ,	*illius.*
Dat.	à lui ,	*illi.*
Accuſ.	lui ,	*illum.*
Ablat.	de lui,	*ab illo.*

P. Nom.	ils, ou eux,	*illi.*
Gen.	d'eux ,	*illorum.*
Dat.	à eux ,	*illis.*
Accuſ.	eux ,	*illos.*
Abl.	d'eux ,	*ab illis.*

TROISIE'ME PERSONE.

Au feminin.

S. Nom.	elle,	*illa.*
Gen.	d'elle,	*illius.*
Dat.	à elle,	*illi,*
Accuſ	elle,	*illam.*
Ablat.	d'elle,	*ab illa.*

P. Nom.	elles,	*illæ.*
Gen.	d'elles,	*illarum.*
Dat.	à elles,	*illis.*
Accuſ.	elles,	*illas.*
Ablat.	d'elles,	*ab illis.*

☞ Aprés les Imperatifs on met, *moi, toi, nous vous, leur* : comme ; *dites-moi ; montres-toi ; écrivez nous ; retirez-vous, donnez-leur.*

☞ Si on parle par negation, il faut dire : *ne me dites pas ; ne te montres-pas ; ne nous écrivez pas ; ne vous retirez-pas ; ne leur donnez pas.*

Il y a un autre Pronom Perſonel qui eſt, *ſoi*, qui n'a pas de nominatif & ſuit ordinairement le mot *cha-cun*, comme.

Chacun aura ſoin de ſoi.
Que chacun prene garde à ſoi.
Chacun pour ſoi.

Pronoms Conjonctifs.

LEs Pronoms Conjonctifs, ont beaucoup de raport avec les Pronoms Perſonels, on les appelle Conjonctifs, parce qu'ils ſont toûjours devant les Verbes, de même que les Perſonels : avec la difference, que les Conjonctifs ne ſont jamais les nominatifs des Verbes ; mais ils en ſont les datifs, ou les accuſatifs.

Il y a ſept Pronoms Conjonctifs. qui ſont

me, te, ſe, lui, nous, vous, leur ;

☞ Quand les Pronoms Latins,

mihi, me, tibi, te, ſibi, ſe, illi, no-

bis, nos, vobis, vos, illis.

Sont regis par les Verbes, au datif, ou à l'accusatif.
on les exprime en François par les Pronoms Conjon-
ctifs : comme.
Mihi dicit, il me dit ; *videt me*, il me voit
Tibi dicam, je te dirai ; *docebit te*, il t'enseignera.
Sibi gratulatur, il se congratule.
Se laudat, il se loüe.
Illi dabo, je lui donnerai.
Nobis debet, il nous doit.
Vident nos, ils nous voïent.
Do vobis. je vous donne, *videbo vos*, je vous verrai.
Dicam illis, je leur dirai.

☞ Remarquez que l'on met toûjours en François
les Pronoms Conjonctifs, devant les Verbes.

☞ Aprés les Imperatifs, & les Prépositions, on met
les Pronoms Personels,

moi, toi, lui, soi, nous, vous, leur,

comme,

Dic mihi, dites-moi. *Da nobis*, donnez nous &c.
Pro me, pour moi, *pro te*, pour toi, *pro se*, pour
soi, &c.

Si on parle par negation, il faut se servir des Pronoms Conjonctifs & dire, *ne me dites pas ; ne te flate pas ; ne nous parle pas* &c.

Remarquez aussi, que *lui*, & *leur* servent pour le
masculin & le feminin ; *lui*, pour le singulier, *leur*,
pour le pluriel : comme ;

*C'est mon frere, dites-lui ; c'est ma sœur, dites-lui.
Ce sont mes amis, dites-leur.
Quand je verrai vos sœurs, je leur dirai.*

Pronoms Possessifs.

IL y a six Pronoms Possessifs , qui sont
Pour le Masculin au singulier.

mon , ton , son , nôtre , vôtre, leur ;

Pour le feminin.

ma , ta , sa , nôtre , vôtre , leur.

Le pluriel sert pour le masculin , & le feminin.

mes , tes, ses , nos , vos , leurs.

Ces Pronoms se declinent par l'article indefini.

Mon ,	de mon ,	à mon.
mes ,	de mes ,	à mes.
ton ,	de ton ,	à ton.
tes ,	de tes ,	à tes.
son,	de son ,	à son.
ses,	de ses ,	à ses.
nôtre,	de nôtre ,	à nôtre.
vos,	de vos	à vos
nos,	de nos ,	à nos.
vôtre ,	de vôtre ,	à vôtre.
leur,	de leur ,	à leur.
leurs,	de leurs ,	à leurs.

☞ On se sert de ces Pronoms pour exprimer *meus* ;
tuus , *suus* , &c. devant les substantifs.

Si ces mêmes Pronoms , *meus* , *tuus* , *suus* , *noster*,
&c. sont à la fin de la frase sans Substantifs ; il faut
mettre.

*Le mien , le tien , le sien : le nôtre, le vôtre , le
leur.*

*La mienne, la tienne, la fienne : la nôtre, la vô-
tre, la leur,*

*Les miens, les tiens, les fiens : les nôtres, les vô-
tres, les leurs,* pour le mafculin.

*Les miennes, les tiennes, les fiennes : les nôtres,
les vôtres, les leurs,* pour le feminin.

Ces derniers Pronoms Poffeffifs fe declinent par l'article defini : comme ; *le mien, du mien, au mien :
les miens, des miens, aux miens.*

*La mienne, de la mienne, à la mienne : les
miennes, des miennes, aux miennes,* & ainfi des
autres ?

REMARQUES.

Sur les Pronoms Poffeffifs.

Quand le Pronom, *leur,* eft devant un Nom,
c'eft un Pronom Poffeffif, qui fait au pluriel,
leurs ; comme : *leur frere, leurs freres.*

Quand *leur* eft devant un Verbe, c'eft un Pronom
Conjonctif, à la fin duquel il ne faut jamais mettre *s,*
comme : *nous leur parlerons, nous leur dirons.*

Les Italiéns mettent un article defini au nominatif,
& accufatif, avec les Pronoms Poffeffifs, quand ils
font devant des Subftantifs, comme : *il mio libro, la
mia camera, la tua fpada,* en François on ne met
point d'article, & on dit, *mon livre, ma chambre,
ton épée, mon frere, ma fœur, mes livres, mes freres, mes fœurs.*

☞ Il faut mettre les Pronoms Poffeffifs, mafculins
mon, ton, fon, devant les Noms feminins, qui commencent, par voïelle, ou par *h,* & on dit, *mon ame,
ton épée, fon heure eft venuë, ton adreffe, fon
induftrie.*

Quand les Pronoms Poſſeſſifs ſont aprés les Subſtantifs, dans une autre fraſe, on les exprime comme ci-
deſſus, par, *le mien*, *le tien*, *le ſien*, &c. comme:
j'ay beu de vôtre vin, le mien eſt meilleur, le ſien
vaut mieux, le leur eſt bon.

Quand on interroge, comme ; *eſt-ce là vôtre cha-*
peau ; ſon épée ; on repond ; *c'eſt le mien, la ſienne,*
le nôtre, la vôtre, &c. parce que les Pronoms ſont
aprés les Subſtantifs dans une autre fraſe.

Des Pronoms Demonſtratifs.

LEs Pronoms Demonſtratifs, ſont,

ce, cet, cette : celui, celle : celui-
ci, celui-là : celle-ci, celle-là :
ceci, cela.

Ce, cet, cette, font au pluriel, *ces.*
celui, ceux.
celle, celles.
celui-ci, ceux-ci.
celui-là, ceux-là.
celle-ci, celles-ci.
celle-là, celles-là.
ceci, cela, n'ont point de pluriel.
Ces Pronoms ſe declinent tous par l'article indefini.
On met *ce* devant les Noms maſculins qui commencent par conſone, comme : *ce cheval, ce beau Palais.*
Cet, devant les maſculins, qui commencent par
voïelle, ou par *h*, comme : *cet amour, cet ardeur,*
cet homme, que les François prononcent *ſtamour,*
ſtardeur, ſtous, quand ils parlent vîte.

Cette, se met devant les feminins, comme : *cette femme*, *cette Eglise* ; *ces femmes*, *ces Eglises* ; *cette petite nuë*.

Les autres Pronoms se mettent sans Substantif, comme *celui qui parle* ; *celle qui chante* ; *ceux qui écrivent* ; *celles qui dansent* ; *celui-ci* ; *celui-là* ; *celle-ci*, *celle-là* ; *ceux-ci*, *ceux-la* ; *celles ci*, *celles-là* ; se mettent sans Substantifs, comme : *celui-ci est beau*, *c'est pour celui-ci* &c.

Ceci, *cela*, ont la signification de *hoc*.

Vous verrez dans la troisiéme Partie des regles particulieres sur ces Pronoms.

Pronoms interrogatifs.

LEs Pronoms Interrogatifs, qui servent pour interroger, sont,

Que ? qui ? quel ? quelle ? quels ? quelles ? quoi ? lequel ? laquelle, lesquels ? lesquelles? comme.

Quid dicis ? que dites- vous ?
Quid faciunt ? que font-ils ?
Quis es? qui est-ce ?
Quem librum legis ? quel livre lisez-vous ?
Qua hora est ? quelle heure est-il ?
Quales equos habebis ? quels chevaux aurez-vous ?
Quales herbas colligis ? quelles herbes cueillez-vous?
Quid ? quoi ?
Qualem vis? lequel, ou laquelle voulez-vous ?
Quales emisti ? lesquels, ou lesquelles avez-vous acheté.

Que ? qui signifient en Latin *quid*, est indeclinable & s'exprime toûjours par *que.*

Qui ? quel ? quelle ? quoi ?

Se declinent par l'article indefini; comme,

Qui :	*de qui ?*	*à qui ?*
Quel ?	*de quel ?*	*à quel ?*
Quelle ?	*de quelle ?*	*à quelle.?*
Quoi ?	*de quoi ?*	*à quoi ?*

Lequel ; laquelle ;

Se declinent par l'article defini : comme :

Lequel ?	*du quel ?*	*auquel ?*
Lesquels ?	*desqueis ?*	*ausquels ?*
Laquelle ?	*de laquelle ?*	*à laquelle ?*
Lesquelles ?	*desquelles ?*	*ausquelles ?*

Pronoms Relatifs.

Les Pronoms Relatifs sont,

Que, qui, lequel, laquelle,

Quand ils ne sont pas Interrogatifs comme :

Liber quem lego, le livre que je lis.

Magister qui docet, le Maître qui enseigne.

Nescio quem velis, nec quam accipies, je ne sçai lequel vous voulez, ni laquelle vous prendrez ;

Ces Pronoms se declinent de même que les Interrogatifs.

Il y a d'autres Pronoms Relatifs comme, *dont*, qui signifie en Latin, *cujus, de quo, de qua, quorum, quarum, de quibus.*

Le, *la*, *les*, quand ils fignifient en Latin, *illum*, *il-lam*, *illud: illos*, *illas*, *illa*, font auſſi relatifs.

En, & *y*, font auſſi des Particules relatives, dont vous verrez l'explication dans la troiſiéme partie, au chapitre.

De la conſtruction des Pronoms.

Pronoms Impropres.

LEs Pronoms Impropres, qu'on appelle auſſi Pro-noms Indeſinis, font,

Aucun, aucune, autre, autrui, cha-cun, chaque, certain, même, nul, pas un, perſone, pluſieurs, quel-que, quelqu'un, quel que ce ſoit, quiconque, tel, tout,

Vous en trouverez les exemples dans la troiſiéme Partie où il ſera aſſez tems de les voir, afin de paſſer aux Verbes qu'il faut apprendre à bien prononcer, parce qu'on les écrit d'une maniere, & on les prononce d'une autre.

DES VERBES.

LES Verbes sont des mots qui marquent les actions,
dans les tems presens, passés, & futurs; comme,

J'ai, je suis ; je chante. je crois.
Tu as, tu es ; tu chantes, tu crois.
Nous avons, nous sommes, nous chantons, nous
croions ; ces Verbes sont au present.

J'ai eu, j'ai été, j'ai chanté, nous avons chanté ;
ces Verbes sont au tems passé.

J'aurai, je serai, je chanterai, nous chanterons;
ces Verbes sont au tems futur.

Les Verbes changent dans la terminaison de leurs
tems : ce changement s'appelle Conjugaison.

Il y a quatre Conjugaisons, que l'on connoît par
l'Infinitif, comme : *aimer, faire, recevoir, prendre.*

La premiere est pour tous les Verbes terminés à l'Infinitif, en *er*, comme ; *aimer, donner, chanter, par-*
ler, loüer.

Tous les Verbes terminez à l'Infinitif en *ir*, sont de la
seconde Conjugaison, comme, *punir, finir, bâtir,*
sentir, patir.

Les Verbes terminez en *oir*, sont de la troisiéme,
comme, *devoir, recevoir. pouvoir, savoir, vouloir.*

La quatriéme est terminée en, *re*, comme, *pren-*
dre, rendre, connoître, faire, taire, dire.

Les premiers Verbes qu'il faut apprendre sont les
Verbes Auxiliaires, *avoir & être* on appelle Verbe
Auxiliaire, celui qui aide à composer les tems passés
des autres Verbes, comme ; *j'ai aimé, tu as aimé, il*

aimé. Pour mettre le Verbe, *aimer*, au tems passé, on met devant, *j'ai*, *tu as*, *il a*, &c.

Les Verbes, qui sont conjugués avec les tems du Verbe *avoir*, sont des Verbes Actifs, comme : *j'ai trouvé* : *j'avois chanté* : *nous avons parlé* :

Les Verbes que l'on conjugue avec le Verbe *être*, sont Verbes Passifs, comme : *je suis trouvé, j'étois aimé, je fus blâmé.*

CONJUGAISON

Du Verbe Auxiliaire Actif, AVOIR, *Habere.*

INDICATIF.

Présent.

J'Ay, tu as, il a : nous avons, vous avez, ils ont. *Habeo, habes, habet; habemus, habetis, habent.* Je n'ay pas, tu n'as pas, il n'a pas ; nous n'avons pas, vous n'avez pas, ils n'ont pas : *non habeo, non habes, non habet*, &c.

☞ Du présent du Verbe *Avoir*, on forme tous les tems passés des autres Verbes, *comme* : j'ai aimé, tu as aimé ; j'ai écrit ; tu as écrit, j'ai reçû, tu as reçû ; j'ai eu, tu as eu, il a eu.

Passé Imparfait.

J'avois, tu avois, il avoit ; nous avions, vous aviez, ils avoient : *habebam, habebas, habebat; habebamus,* &c.

Je n'avois pas, tu n'avois pas, &c. *non habebam.*

On forme de ce tems tous les Paſſés plufqueParfaits: comme, j'avois aimé, *amaveram* ; j'avois donné, *dederam* ; j'avois eu, *habueram.*

Paſſé ſimple, ou defini.

J'eus, tu eus, il eut: nous eûmes, vous eutes, ils eurent : *habui, habuiſti, habuit: habuimus, habuiſtis, habuerunt.*

Je n'eus pas, tu n'eus pas, &c. *non habui.*

Paſſé Parfait.

J'ai eu, tu as eu, il a eu : nous avons eu, vous avez eu, ils ont eu, *habui, habuiſti, habuit,* &c.

Je n'ai pas eu, tu n'a pas eu, il n'a pas eu : nous n'avons pas eu, vous n'avez pas eu, ils n'ont pas eu: *non habui, non habuiſti,* &c.

Les François ſe ſervent du paſſé defini, quand ils citent & parlent d'un tems paſſé, & qui ne dure plus, comme : j'eus hier grand peur : le Roi prit l'hiver paſſé deux places conſiderables.

On ſe ſert du paſſé parfait, quand on parle d'un tems paſſé dont une partie dure encore, *comme:* j'ai eu ce matin une viſite : j'ai écrit cette ſemaine à mon frere : nous avons parlé au Roi au commencement de ce mois.

☞ Il faut remarquer que quand on cite le tems qui eſt paſſé, on ſe ſert du paſſé defini, & quand on ne cite point le tems, on met le paſſé parfait.

Paſſé plufque parfait.

j'avois eu, tu avois eu, il avoit eu : nous avions eu vous aviez eu, ils avoient eu ; *habueram, habueras, habuerat,* &c.

Je n'avois pas eu, tu n'avois pas eu, il n'avoit pas eu, &c. *non habueram.*

Futur.

J'aurai, tu auras, il aura : nous aurons, vous aurez
ils auront : *habebo*, *habebis*, &c.

Je n'aurai pas, tu n'auras pas, il n'aura pas, &c.
non habebo.

IMPERATIF.

Aïe, qu'il ait : aïons, aïez : qu'ils aïent, *habe*, *ou*
habeto, *habeat*, *habeamus*, *habetote*, *habeant*.

OPTATIF & CONJONCTIF.
Present.

Que j'aïe, que tu aïes, qu'il aït : que nous aïons, que
vous aïez, qu'ils aïent, *habeam*, *habeas*, *habeat*,
habeamus, &c.

Que je n'aïe pas, que tu n'aïes pas, &c.

Premier imparfait.

Que j'euffe, que tu euffes, qu'il eut, que nous euffions, que vous euffiez, qu'ils euffent, *haberem*, *ha-*
beres, *haberet*.

Que je n'euffe pas, que tu n'euffes pas, qu'il n'eut
pas, &c.

Second imparfait.

J'aurois, tu aurois, il auroit : nous aurions, vous
auriez, ils auroient : *haberem*, *haberes*, *haberet* : *ha-*
beremus, &c.

Je n'aurois pas, tu n'aurois pas, il n'auroit pas, &c.
non haberem, &c.

On met le premier imparfait aprés les conjonctions
qui veulent aprés elles le conjonctif, comme, *ut habe-*
rem tempus, afin que j'euffe le tems, & quand on parle d'une action à venir.

On met le second imparfait quand on parle par fouhait , & qu'on ne met point de conjonctions devant
le Verbe , comme : *haberem multos amicos , fi effem
Roma* , j'aurois plufieurs amis , fi j'étois à Rome.

Paffé parfait.

Que j'aïe eu, que tu aïes eu , qu'il ait eu : que nous
aïons eu , que vous aïez eu , qu'ils aïent eu : *habuerim,
habueris , habuerit* , &c.

Que je n'aïe pas eu , que tu n'aïe pas eu , &c.

PREMIER PASSE'.

Plufque parfait.

Pleut-à-Dieu que j'euffe eu , que tu euffes eu , qu'il
eut eu : que nous euffions eu que vous euffiés eu , qu'il
euffent eu : *utinam , habuiffem , habuiffes , habuiffet,*
&c.

Que je n'euffe point eu , *non habuiffem* , &c.

SECOND PASSE'.

Plufque Parfait.

J'aurois eu , tu aurois eu , il auroit eu : nous aurions
eu , vous auriez eu , ils auroient eu : *habuiffem , habuiffes , &c.*

Je n'aurois pas eu , tu n'aurois pas eu , &c.

Le Premier plufque parfait fe met aprés les conjonctions, & le fecond fans conjonctions, c'eft la même regle que pour les deux imparfaits du conjonctif.

Futur.

Quand j'aurai eu , tu auras eu , il aura eu : nous aurons eu , vous aurez eu , ils auront eu , *habuero : habueris*, &c Je n'aurai pas eu &c. *non habuero.* &c.

INFINITIF.

Preſent.

Avoir , *habere :* n'avoir pas , *non habere.*
Avoir eu , *habuiſſe :* n'avoir pas eu , *non habuiſſe.*

Gerondif.

Aïant , *habens :* n'aïant pas , *non habens.*
Aïant eu , *cum habuiſſem.*

Remarques ſur le Verbe AVOIR.

IL faut s'appliquer à bien apprendre le Verbe, *Avoir,*
par affirmation , & par negation , comme il eſt ci-
deſſus , ſi on veut faire du profit en peu de tems dans
la langue Françoiſe , & ne point apprendre d'autre
Verbe, qu'on ne ſçache parfaitement celui-ci ; puiſqu'en
l'apprenant , on apprend tous les autres , les tems étant
terminés preſque de même , dans les quatre conjugai-
ſons , comme on verra dans la Table qui eſt aprés le
Verbe *Etre.*

Avant de paſſer à la conjugaiſon du Verbe *Etre* ;
il eſt neceſſaire de ſçavoir que le Verbe *Avoir* , & tous
les autres Verbes ſe conjuguent par tous leurs tems avec
la particule *en* , qui eſt relative , & qui ſert pour marquer une partie d'un tout dont on a parlé , comme ſi
on demande , *avez-vous de l'argent ; aurez-vous des*
ſoldats , on repond , *j'en ai , j'en aurai , attendez-*
vous des lettres , oüi j'en attens.

Il eſt aiſé de connoître par les exemples ci-deſſus que
la particule *en* eſt relative des mots , *argent , ſoldats &*
lettres , & qu'elle a la ſignification des pronoms Latins
de illo , de illâ , de illis, qu'il faut exprimer en François par *en.*

Je ne

Je ne mettrai ici que lo preſent du Verbe *Avoir*, avec la particule *en*, puiſqu'il ſera facile de former les autres tems, & ceux de tous les Verbes, avec leſquels on joint cette particule relative *en*.

j'en ai,	*je n'en ai pas.*
tu en as,	*tu n'en as pas.*
il en a.	*il n'en a pas.*
nous en avons,	*nous n'en avons pas.*
vous en avez,	*vous n'en avez pas.*
ils en ont.	*ils n'en ont pas.*

Preſent du Verbe *Avoir* par interrogation ?

Quand on interroge, on met les pronoms perſonnels aprés le Verbe *Avoir*, & aprés tous les Verbes, comme.

Ai-je ?	*n'ai-je pas ?*
as-tu ?	*n'as-tu pas ?*
a-t'il ?	*n'a-t'il pas ?*
avons-nous ?	*n'avons nous pas ?*
avez-vous ?	*n'avez-vous pas ?*
ont-ils ?	*n'ont-ils pas ?*

Et de même de tous les Verbes, comme : *ſuis-je ? ne ſuis-je pas : dirons-nous ? ne dirons-nous pas ? écrivez-vous ? n'écrivez-vous pas ?*

Le, la, l', les,

Sont auſſi relatifs devant tous les Verbes quand on parle, d'un tout, ou d'une choſe en ſon entier, comme : *Avez-vous le tems ? le livre ? la lettre ? les papiers ?* on repond, *je l'ai, je les ai, je ne l'ai pas ? je ne les ai pas.*

Verrez-vous le Roi ? la Reine ? les Princes ? on re-

pond, *je le verrai, je la verrai, je les verrai, je ne le verrai pas, je ne la verrai pas, je ne les verrai pas.*

Les Etrangers ne feront pas tant de fautes, s'ils font reflexion sur ces remarques & s'ils s'appliquent à conjuguer le Verbe *Avoir*, en toutes les manieres de ci-dessus.

SECOND VERBE.

Auxiliaire, E S T R E, *Esse.*

INDICATIF.

Present.

Je suis, tu es, il est : nous sommes, vous êtes, ils font.

Sum, es, est : sumus, estis, sunt.

Passé imparfait.

J'étois, tu étois, il étoit : nous étions, vous étiez, ils étoient.

Eram, eras, erat : eramus, eratis, erant.

Passé simple ou *defini.*

Je fus, tu fus, il fut : nous fumes, vous futes, ils furent.

Fui, fuisti, fuit : fuimus, fuistis, fuerunt.

Passé parfait.

J'ai été, tu as été, il a été : nous avons été, vous avez été, ils ont été.

Fui, fuisti, fuit; fuimus, fuistis, fuerunt.

La difference du Passé parfait, & du Passé defini est la même que pour le Verbe *avoir.*

Passé plusque parfait.

J'avois été , tu avois été : il avoit été , nous avions été , vous aviez été , ils avoient été.

Fueram , fueras , fuerat : fueramus , fueratis , fuerant.

Futur.

Je serai , tu seras, il sera : nous serons , vous serez , ils seront.

Ero , eris , erit : erimus , eritis , erunt.

Imperatif.

Sois , qu'il soit : soïons , soïez , qu'ils soient.

Sis , sit , ou esto , simus , estote , sunto , vel sint.

CONJONCTIF.

Le tems de l'Optatif, & du Conjonctif sont les mêmes.

Present.

Que je sois , que tu sois , qu'il soit : que nous soïons, que vous soïez , qu'ils soient.

Sim , sis , sit : simus , sitis , sint.

Premier Imparfait.

Que je fusse , que tu fusses, qu'il fut : que nous fussions , que vous fussiez , qu'ils fussent.

Essem , esses , esset : essemus , essetis , essent.

Second Imparfait.

Je serois, tu serois , il seroit : nous serions, vous seriez , ils seroient.

Essem , esses , esset : essemus , essetis , essent.

On trouvera la difference du premier, au second Imparfait dans le Verbe, *Avoir*, c'est une regle pour tous les autres Verbes.

Passé parfait.

Que j'aïe été, que tu aïes été, qu'il ait été, que nous aïons été, que vous aïez été, qu'ils aïent été.

Fuerim, fueris, fuerit: fuerimus fueritis, fuerint.

Premier passé plusque parfait.

Que j'eusse été, tu eusses été, il eut été : nous eussions été, vous eussiez été, ils eussent été.

Fuissem, fuisses, fuisset: fuissemus, fuissetis, fuissent.

Second plusque parfait.

J'aurois, été, tu aurois été, il auroit été : nous aurions été, vous auriez été, ils auroient été.

Fuissem, fuisses, fuisset: fuissemus, fuissetis, fuissent.

Futur.

J'aurai été, tu auras été, il aura été : nous aurons été, vous aurez été, ils auront été.

Fuero, fueris, fuerit, fuerimus : fueritis, fuerint.

INFINITIF.

Etre *esse*, avoir été, *fuisse*, étant, ayant, été, *cùm essem*, ou *cùm fuissem*.

☞ Le Verbe *Etre*, se compose dans tous les tems passés composés des tems du Verbe *Avoir*, & du Participe *été*, comme : *j'ai été, j'avois été, j'aurai été*, &c. & non pas comme disent les Italiens, *je suis été, j'étois été*, parceque devant le Participe *été*, il faut se servir du tems du Verbe *Avoir*.

Table des Conjugaisons.

POur apprendre avec facilité les Conjugaisons, il suffit de se souvenir, qu'il y a quatre tems, qui font terminés de même dans tous les Verbes, fans aucune exception.

Tous les paſſés imparfaits finiſſent, en

ois, ois, oit, ions, iez, oient.

Tous les Futurs, en

rai, ras, ra, rons, réz, ront.

Tous les premiers imparfaits du Conjonctif en,

aſſe, aſſes, at, aſſions, aſſiez, aſſent.
iſſe, iſſes, it, iſſions, iſſiez, iſſent.
uſſe, uſſes, ut, uſſions, uſſiez, uſſent.

La terminaiſon en *aſſe*, eſt pour les Verbes en *er*,
Celle en *iſſe*, pour les Verbes en *ir*, & en *re*
Celle en *uſſe*, pour les Verbes en *oir*.

Tous les ſeconds imparfaits en

rois, rois, roit : rions, riez, roient.

Cette terminaiſon eſt la même, que celle de l'imparfait de l'Indicatif, en mettant une *r* devant *ois*, comme *j'avois, j'aurois, j'aimois, j'aimerois*.

Pour peu de reflexion que l'on faſſe ſur les terminaiſons precedentes, ou connoîtra facilement qu'il n'y aura plus, que trois tems à apprendre dans chaque Verbe, qui ſont le preſent de l'Indicatif, le paſſé ſimple, ou defini, & le preſent du Conjonctif, qui eſt preſque la même que l'Imperatif.

☞ Il faut ſe ſouvenir qu'il faut toûjours mettre les pronoms perſonels devant les Verbes en écrivant, & en parlant François, comme : *j'ai, tu as, je ſuis, tu es, j'aime, tu aime*, &c. & que l'Imperatif n'a point de premiere perſone, parce qu'on ne peut ſe commander à ſoi-même.

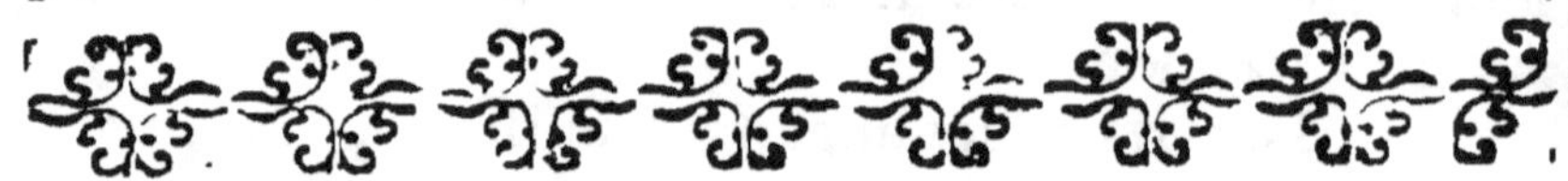

PREMIERE CONJUGAISON
Des Verbes en ER.

AIMER *Amare.*

LE Verbe *Aimer* servira de regle pour les Verbes terminés à l'Infinitif en *er*.

☞ Les fillabes Françoises qui font marquées en lettres Italiques fervent pour faire connoître, que pour former tous les cems & toutes les perfonnes des Verbes de la premiere conjugaifon, il faut changer la fillabe *er*, en celles qui font marquées en Italique.

INDICATIF.
Prefent.

J'aime	*Amo*
tu aimes	*amas*
il aime	*amat.*
nous aimons	*amamus*
vous aimez	*amatis*
ils aiment.	*amant*

Formatur ab Infinitivo , ablato , r , addito pronomine perfonali, v. g. aimer , chanter , parler ; j'aime , je chante , je parle.

Paffé imparfait.

J'aimois	*amabam*
tu aimois	*amabas*
il aimoit	*amabat*

nous aimions   amabamus
vous aimiez   amabatis
ils aimoient   amabant

Præteritum imperfectum formatur à prima persona pluralis numeri, temporis præsentis, in omnibus verbis, v. g. nous aimons, nous chantons ; j'aimois, je chantois.

Passé simple ou defini.

j'aimai   amavi
tu aimas   amavisti
il aima   amavit
nous aimames   amavimus
vous aimates   amavistis
ils aimerent.   amaverunt

Fit ab infinitivo mutato er *in* ai, aimer, chanter, j'aimai ; je chantai

Passé parfait

j'ai aimé   amavi
tu as aimé   amavisti
il a aimé   amavit
nous avons aimé   amavimus
vous avez aimé   amavistis
ils ont aimé.   amaverunt.

Fit à præsenti verbi, avoir, *& à supino seu participio:* aimer, j'ai aimé : chanter, j'ai chanté.

Passé plusque parfait.

j'avois aimé   amaveram
tu avois aimé   amaveras

il avoit aimé	*amaverat*
nous avions aimé	*amaveramus*
vous aviez aimé	*amaveratis*
ils avoient aimé.	*amaverant*

Formatur ab imperfecto verbi, avoir, *& à supino seu participio*, aimer. j'avois aimé ; chanter, j'avois chanté.

Futur.

j'aimerai	*amabo*
tu aimeras	*amabis*
il aimera	*amabit*
nous aimerons	*amabimus*
vous aimerez	*amabitis*
ils aimeront.	*amabunt.*

Formatur ab infinitivo addito, ai. *Et* e, *quod est ante*, r, *prononciatur breviter, sicut non esset*, e : aimer, j'aimerai ; chanter, je chanterai.

IMPERATIF.

aime	*ama*
qu'il aime	*amet*
aimons	*amemus*
aimez	*ametis*
qu'ils aiment	*ament.*

Imperativus est sicut presens, ablatis pronominibus qua non ponuntur nisi in tertiis personis.

OPTATIF & CONJONCTIF.

Present.

que j'aime	amem
que tu aimes	ames
qu'il aime	amet
que nous aimions	amemus
que vous aimiez	ametis
qu'ils aiment	ament.

Fit à tertia perſona Imperativi, qu'il aime, que j'aime.

Premier imparfait.

que j'aimaſſe	amarem
que tu aimaſſes	amares
qu'il aimat	amaret
que nous aimaſſions	amaremus
que vous aimaſſiez	amaretis
qu'ils aimaſſent.	amarent

Fit à ſecunda perſona præteriti definiti addito ſe, tu aimas, que j'aimaſſe

Second imparfait.

j'aimerois	amarem
tu aimerois	amares
il aimeroit	amaret
nous aimerions	amaremus
vous aimeriez	amaretis
il aimeroient	amarent.

Fit à Futuro Indicativi, mutando, ai, *in* ois, j'aimerai, j'aimerois.

Voïez dans la conjugaiſon du Verbe *avoir* la difference des deux imparfaits.

Paſſé parfait.

Que j'aïe aimé,	*amaverim*
que tu aïes aimé *&c.*	*amaveris,* &c.

Je ne mettrai plus que les premieres perſones des
paſſés parfaits, des pluſque parfaits, & des futurs des
conjonctifs, parce que ce n'eſt qu'une repetition du
Verbe *Avoir*, dans les mêmes tems, avec un participe,

Premier pluſque parfait.

Que j'euſſe aimé	*amaviſſem*
ſi j'avois aimé	*ſi amaviſſem*

Second pluſque parfait.

J'aurois aimé	*amaviſſem.*

Futur.

Quand j'aurai aimé	*amavero.*

INFINITIF.

'Aimer	*amare*
aimé,	*amatus*
aimée,	*amata*
aimés	*amati*
aimées	*amata*
aimant.	*amans, amando.*

Avant de paſſer à la ſeconde Conjugaiſon, il eſt bon
de ſçavoir que les Verbes paſſifs François, ne ſont au-

tres, que les participes des Verbes conjugués, avec tous
les tems du Verbe *Etre*, comme

Je suis aimé, tu es aimé, &c.
je suis loüé, tu es loüé, &c.
j'étois servi, tu étois servi, &c.
je fus reçû, tu fus reçû, &c.
j'ai été rendu, tu as été rendu, &c.
j'avois été pris, tu avois été pris, &c.
je serai païé, tu seras païé, &c.
   Si c'est une femme qui parle, elle dira, *je suis aimée*
je suis loüée. &c.

SECONDE CONJUGAISON

Des Verbes en IR.

FINIR, *Finire.*

INDICATIF.

Present.

Je finis	*finio*
tu finis	*finis*
il finit	*finit*
nous finiſſons	*finimus*
vous finiſſez	*finitis*
ils finiſſent.	*finiunt.*

   Formatur ab infinitivo, mutando, r, in s. finir,
je finis.

Passé imparfait.

Je fini*ſſois*	*finiebam*
tu fini*ſſois*	*finiebas*
il fini*ſſoit*	*finiebat*
nous fini*ſſions*	*finiebamus*
vous fini*ſſiez*	*finiebatis*
ils fini*ſſoient.*	*finiebant.*

☞ Remarquez que tous les imparfaits des Verbes François ſe forment de la premiere perſone du pluriel, du preſent de l'Indicatif, changeant *ons* en *ois*, comme : *aimons, aimois : finiſſons, finiſſoient, recevons, recevois.*

Paſſé ſimple ou defini.

je fin*is*	*finivi*
tu fin*is*	*finiviſti*
il fin*it*	*finivit*
nous fin*imes*	*finivimus*
vous fin*iſtes*	*finiviſtis*
ils fin*irent.*	*finiverunt*

☞ Les trois perſones du ſingulier du paſſé ſi n des Verbes en *ir.* ſont les mêmes que celles du preſent, le pluriel eſt different.

Paſſé parfait.

J'ai fini	*finivi.*

Pluſque parfait.

J'avois fini :	*finiveram.*

Futur.

je finirai	finiam
tu finiras	finies
il finira	finiet
nous finirons	finiemus
vous finirez	finietis
ils finiront.	finient

Formatur ab infinitivo addendo, ai, finir, je finirai.

IMPERATIF.

finis	finito tu
qu'il finisse	finias
finissons	finiamus
finissez	finiatis
qu'ils finissent	finiant.

Secunda persona fit à présenti , sed differt in aliis personis.

OPTATIF & CONJONCTIF

Present.

Que je finisse	finiam
tu finisses	finias
il finisse	finiat
nous finissions	finiamus
vous finissiez	finiatis
ils finissent	finiant

Fit à tertia persona imperativi.

Premier imparfait.

Que je finisse	finirem

tu fini*ss*es	*finires*
il fini*t*	*finiret*
nous fini*ss*ions	*finiremus*
vous fini*ss*iez	*finiretis*
ils fini*ss*ent.	*finirent*

Differt tantum in tertia persona à presenti conjonctivi.

Il n'y a de la difference qu'à la troisiéme personne du singulier dans les presens, & imparfaits des Conjonctifs des Verbes en *ir*.

Les premiers s'attribuent au tems present, & les seconds à l'avenir. Exemple, *Je voudrois que Dieu punisse en ce moment ta mechanceté. Je voudrois que Dieu punit bientôt ta mechanceté.*

Second imparfait.

je fini*rois*	*finirem*
tu fini*rois*	*finires*
il fini*roit*	*finiret*
nous fini*rions*	*finiremus*
vous fini*riez*	*finiretis*
ils fini*roient.*	*finirent.*

Fit à futuro, mutando, ai in ois.

Passé parfait

Que j'aïe fini,	*finiverim.*

Premier plusque parfait.

Que j'eusse fini	*finivissem.*

Second plusque parfait.

J'aurois fini,	*finivissem.*

Voïez dans le Verbe *avoir* la difference des deux plusque parfaits.

Futur.

Quand j'aurai fin*i*, quando finivero.

INFINITIF.

Fin*ir*, finire
fin*i* finitus
fin*issant*. finiens.

TROISIE'ME CONJUGAISON

Des Verbes en OIR.

RECEVOIR Recipere,

INDICATIF.

Present.

Je reçois recipio
tu reçois recipis
il reçoit recipit
nous recevons recipimus
vous recevez recipitis
ils reçoivent recipiunt,

Fit ab infinitivo mutando cevoir, in ois.

Imparfait.

je recevois recipiebam
tu recevois recipiebas
il recevoit recipiebat
nous recevions recipiebamus

vous receviez	recipiebatis
ils recevoient.	recipiebant

Fit à prima perſona pluralis numeri, præſentis mu-
tando, ons in ois, ut ſupra.

Paſſé defini.

je reçeus	recepi ou *accepi*
tu reçeus	recepiſti
il reçeut	recepit
nous reçeumes	recepimus
vous reçeutes	recepiſtis
ils reçeurent.	receperunt.

Fit ab infinitivo mutando, voir, in us.

Paſſé parfait.

j'ai receu	recepi.

Pluſque parfait.

j'avois receu	receperam.

Futur.

je recevrai	recipiam
tu recevras	recipies
il recevra	recipiet
nous recevrons	recipiemus
vous recevrez	recipietis
ils recevront	recipient

Fit ab infinitivo mutando oir, in, rai.

IMPERATIF.

Reçois	recipe
qu'il reçoive	recipiat

recevons   recipiamus
recevez   recipite
qu'ils reçoivent.   recipiant.

Fit à præsenti.

OPTATIF & CONJONCTIF.

Present.

Que je recoive   *ut recipiam*
que tu recoive   *recipias*
qu'il recoive   *recipiat*
que nous recevions   *recipiamus*
que vous receviez   *recipiatis*
qu'ils recoivent   *recipiant.*

Formatur à tertia persona singularis imperativi.

Premier imparfait.

Que je receusse   *reciperem*
tu receusse   *reciperes*
il receut   *reciperet*
nous receussions   *reciperemus*
vous receussiez   *reciperetis*
ils receussent.   *reciperent.*

*Formatur à prima persona præteriti definiti adden-
do, se.*

Second imparfait ou *temps incertain.*

je receverois   *reciperem*
tu receverois   *reciperes*
il receveroit   *reciperet*
nous receverions   *reciperemus*
vous receveriez   *reciperetis*
ils receveroient.   *reciperent.*

Fit à futuro mutando ai *in* ois.

Passé parfait.

Que j'aïe receu   receperim.

Premier plusque parfait.

Que j'eusse receu   recepissem.

Second plusque parfait.

Si j'avois receu   si recepissem.

Futur.

Quand j'aurai receu   quando recepero.

INFINITIF.

Recevoir   recipere.

Participe.

Receu   receptus.

Gerondif.

recevant   { recipiens,
en recevant   { recipiendo.

QUATRIEME CONJUGAISON
Des Verbes en RE.

ENTENDRE *Audire.*

INDICATIF.

Present.

J'entens	audio
tu entens	audis
il entend	audit
nous entendons	audimus
vous entendez	auditis
ils entendent.	audiunt.

Formatur ab infinitivo mutando dre, *in* s, entendre, j'entens.

Imparfait.

J'entendois	audiebam
tu entendois	audiebas
il entendoit	audiebat
nous entendions	audiebamus
vous entendiez	audiebatis
ils entendoient	audiebant.

Formatur à prima persona pluralis temporis præsentis ut suprâ.

Passé defini.

J'entendis	audivi
tu entendis	audivisti

il entend*it*   *audivit*
nous entend*imes*   *audivimus*
vous entend*ites*   *audivistis*
ils entend*irent*   *audiverunt*

Formatur à futuro mutando re *in* is.

Passé parfait.

j'ai entend*u*   *audivi.*

Plusque parfait.

j'avois entend*u*   *audiveram.*

Futur.

j'entend*rai*   *audiam*
tu entend*ras*   *audies*
il entend*ra*   *audiet*
nous entend*rons*   *audiemus*
vous entend*rez*   *audietis*
ils entend*ront*   *audient.*

Formatur ab infinitivo mutando e *in* ai.

IMPERATIF.

Entent*s*   *audi*
qu'il entend*e*   *audiat*
entend*ons*   *audiamus*
entend*ez*   *audite*
qu'ils entend*ent*   *audiant.*

Fit à presenti.

OPTATIF, & CONJONCTIF.

Present.

Que j'entend*e*   *audiam*

que tu entend*es* · *audias*
qu'il entend*e* · *audiat*
que nous entend*ions* · *audiamus*
que vous entend*iez* · *audiatis*
qu'ils entend*ent* · *audiant.*

formatur à tertia persona imperativi ut suprà.

Premier imparfait.

que j'entend*isse* · *audirem*
que tu entend*isses* · *audires*
qu'il entend*it* · *audiret*
que nous entend*issions* · *audiremus*
que vous entend*issiez* · *audiretis*
qu'ils entend*issent.* · *audirent.*

fit à præterito definito addendo, se.

Second imparfait.

j'entend*rois* · *audirem*
tu entend*rois* · *audires*
il entend*roit* · *audiret*
nous entend*rions* · *audiremus*
vous entend*riez* · *audiretis*
ils entend*roient* · *audirent.*

fit à futuro mutando ai *in* ois.

Passé parfait.

que j'aïe entendu · *audiverim.*

Premier plusque parfait.

que j'eusse entendu, · *audivissem.*

Second plusque parfait

j'aurois entendu · *audivissem.*

Futur.

quand j'aurai entendu   *quando audivero.*

INFINITIF.

Entendre   *audire*
entendu   *auditus*
entendant.   *audiens , audiendo.*

DES VERBES IRREGULIERS.

De la premiere Conjugaison en ER.

DE tous les Verbes terminés à l'Infinitif en *er* , il n'y a que le Verbe *aller* d'irregulier.

Son irregularité est au present de l'indicatif , de l'imperatif, & du conjonctif.

☞ Il faut se souvenir que dans les tems composés on le conjugue comme les Verbes passifs, par les tems du Verbe *être* , & que l'on dit , je suis allé. j'étois allé.

ALLER *Ire.*

INDICATIF.

Present. je vai , tu vas , il va : nous allons , vous al-lez , ils vont , *eo , is , it : imus , itis eunt.*

Imparfait. j'allois , tu allois , il alloit : nous allions, vous alliez, ils alloient : *ibam , ibas , &c.*

Passé defini. j'allai , tu allas , il alla : nous allames,

vous allates , ils allerent : *ivi , ivisti* , &c.

Passé parfait. je suis allé , tu es allé , il est allé : nous sommes allés , vous êtes allés , ils sont allés : *ivi* , & *fui* , &c.

Plusque parfait , j'étois allé , tu étois allé , &c.

☞ Souvenez-vous , que l'on se sert souvent du Verbe *Etre* , au lieu du Verbe *Aller* , & que l'on dit je fus , tu fus , il fut , & au lieu de j'allai , tu allas , il alla , &c. & de même j'ai été *&c.* au lieu de, je suis allé , *&c.*

Futur , j'irai , tu iras , il ira : nous irons , vous irez ils iront : *ibo , ibis ibit* , &c.

IMPER. va, ou vas, qu'il aille : allons, allez , qu'ils aillent : *ito , eas* , &c.

OPT. & CONJ. present , que j'aille , que tu ailles , qu'il aille : nous allions , vous alliez , ils aillent , *eam, eas* , &c.

Imparfait. que j'allasse , *&c.* comme le Verbe *aimer.*

　　　　j'irois , tu irois , *&c.*
　　　　que je sois allé
　　　　que je fusse allé
　　　　je serois allé
　　　　je serai allé.

INF. aller , allant , allé.
Aprés le Verbe *Aller* , & les autres Verbes de mouvment , on ne met point *A* devant les infinitifs , comme font les Italiens , *& on dit* , allons entendre , venez voir , & non pas allons à entendre , venez à voir,

DES VERBES IRREGULIERS.

De la seconde Conjugaison en Ir.

☞ SOuvenez-vous, que la plus grande irregularité des Verbes en *ir*, consiste au present, & au passé defini.

Tous les Verbes qui ne sont pas terminés à la premiere persone du persent au singulier en *is*, *comme*, je finis, je punis, *&c.* & à la premiere persone du pluriel au present en *issons*, comme, nous finissons, nous punissons *&c.* & au passé defini en *is*, sont irreguliers.

C'est pourquoi je ne mettrai plus que les tems irreguliers de tous les Verbes en *ir*, par ordre Alfabetique, & la premiere persone de chaque tems.

ACQUERIR *Acquirere*.

J'acquiers, tu acquiers, *ce Verbe n'est plus en usage qu'au passé defini*, j'acquis, tu acquis, il acquit, nous acquimes, vous acquites, ils acquirent: & aux tems composés, j'ai acquis; j'avois acquis; quelqu'uns s'en servent au Futur, j'acquerrai, tu acquerras, &c. *Conjonctif*, que j'acquiers. *Participe*, acquis.

BOÜILLIR. *Bullire*.

On écrivoit autrefois je boüils, tu boüils, il boüilt, à present on écrit je bouë, tu bouës, il bouë; nous boüillons, vous boüillez, ils boüillent: je boüillois; je boüilli; j'ai boüilli; je boüillerai. *Imperatif*. boüils qu'il boüille. *Conjonctif*, que je boüille; que je boüillisse; je boüillerois. *Infinitif*. boüillir, boüilli boüillant.

Courir

COURIR *Currere.*

Je cours, tu cours, il court : nous courons, vous courez , ils courent. *Plusieurs :* écrivent à présent, je coure, tu coures, il coure. Je courois. Je courus. J'ai couru. Je courrai, *avec deux rr. Imperatif.* Coures, qu'il coure. *Conjonctif.* Que je coure. Que je courusse. Je courrois *avec deux rr.* Courir. Courant Couru.

COUVRIR *Tegere.*

Je couvre, tu couvres, il couvre : nous couvrons, vous couvrez , ils couvrent. Je couvrois Je couvris, J'ai couvert. Je couvrirai. *Imperatif ,* couvre qu'il couvre, couvrons, couvrez , qu'ils couvrent. *Conjonctif,* que je couvre ; que je couvrisse. Je couvrirois , *Infinitf.* Couvrir. Couvert. Couvrant.

☞ Remarquez qu'il y a de la difference entre , Recouvrir *iterum tegere,* qui se conjugue comme couvrir, & recouvrer *recuperare ,* qui est de la premiere conjugaison , qui se conjugue comme : *Aimer*

CUEILLIR, *Colligere.*

Je cueille , tu cueilles, il cueille : nous cueillons , vous cueillez , ils cueillent. Je cueillis. J'ai cueilli. Je cueillerai , &c. *part.* Cueilli.

DORMIR, *dormire.*

Je dors, tu dors, il dort, nous dormons, vous dormez , ils dorment. Je dormois. Je dormis. J'ai dormi. Je dormirai. *Imperatif.* Dors, qu'il dorme : dormons, dormez, qu'ils dorment. *Conjonctif.* Que je dorme ; que je dormisse. Je dormirois. *Participe.* Dormi.

FAILLIR, *Parum abeſſe.*

Ce Verbe n'eſt uſité qu'au paſſé defini, & au paſſé parfait. Ie faillis. I'ai failli, il n'eſt plus en uſage, & l'on ſe ſert du Verbe *manquer*, & au lieu de dire, *il faillit d'être pris*, on dit, *il manqua d'être pris.*

FUIR, *Fugere.*

Je fuis, tu fuis, il fuit : nous fuions, vous fuïez, ils fuïent. Je fuïois. Je fuis, tu fuis, il fuit : nous fuïmes, vous fuïtes, ils fuïrent. I'ai fui. Ie fuïrai. *Imperatif*, fuis, qu'il fuïe. *Conjonctif*, que je fuie, que je fuiſſe. Ie fuïrois. *Participe*, fui.

HAÏR, *Odiſſe.*

Je hais, tu hais, il hait : & je haïs, tu haïs, il haït: nous haïſſons, vous haïſſez, ils haïſſent. Ie haïſſois. Je haï *en deux ſillabes*, ce tems n'eſt point en uſage : j'ai haï. Que je haïſſe. Je haïrois. *Participe*, haï, *en deux ſillabes.*

MENTIR, *Mentiri.*

Je ments, tu ments, il ment: nous mentons, vous mentez, ils mentent. Je mentois. Ie mentis. I'ai menti. Ie mentirai. *Imperatif*, ments, qu'il mente. *Conjonctif*, que je mente. Ie mentiſſe. Ie mentirois, *participe*, menti.

MOURIR, *Mori*

Je meurs, tu meurs, il meurt : nous mourons, vous mourez, ils meurent. Ie mourois. Ie mourus. Ie ſuis mort. Ie mourrai. *Imperatif*, meurs, qu'il meure, mourons, mourez, qu'ils meurent. *Conjonctif*, que je meure, tu meures, il meure : nous mourions, vous mouriez, ils meurent. Ie mourusse. Ie mourrois. *Participe*, mort.

OFFRIR, *Offerre.*

J'offre, tu offres, il offre : nous offrons, vous offrez, ils offrent. l'offrois. l'offris. l'ai offert. l'offrirai: offre, qu'il offre : que j'offre. l'offrisse. J'offrirois. *Participe*, offert.

OUÏR, *Audire.*

Ce Verbe n'est usité qu'aux tems composés : j'ai ouï dire : j'avois ouï dire : que j'aie ouï dire: si j'avois ouï dire.

OUVRIR, *Aperire.*

J'ouvre, tu ouvres, il ouvre : nous ouvrons, vous ouvrez, ils ouvrent. l'ouvrois. l'ouvris, j'ai ouvert. l'ouvrirai. Ouvre, qu'il ouvre. Que j'ouvre. Que j'ouvrisse. l'ouvrirois. *Participe*, ouvert. *Gerondif*, ouvrant.

PARTIR, *Proficisci.*

Je parts, tu parts, il part : nous partons, vous partez, ils partent. Ie partois. Ie partis. Ie suis parti: j'étois parti. Ie partirai. Parts : qu'il parte. Que je parte. Ie partisse. Ie partirois. *Participe*, Parti. Partant.

QUERIR, *Quærere,*

Ce Verbe n'est en usage qu'à l'*Infinitif*, comme, Allez querir du pain, il n'a point d'autres tems : ses composés sont *acquerir, conquerir.*

Se Repentir, *Pœnitere.*

Je me repens, tu te repens, il se repent : nous nous repentons, vous vous repentez, ils se repentent. Je me repentois. Je me repentis. Je me suis repenti. Je m'étois repenti. Je me repentirai. Repens-toi Que je me repente. Je me repentisse. Je me repentirois Repenti. Repentant.

Sentir, *Sentire.*

Je sens, tu sens, il sent : nous sentons, vous sentez, ils sentent. Je sentois. Je sentis. J'ai senti. Je sentirai : sens, qu'il sente. Que je sente. Je sentisse Je sentirois. Senti. Sentant.

Servir, *Servire.*

Je sers, tu sers, il sert : nous servons, vous servez, ils servent. Je servois. Je servis. J'ai servi. Je servirai, sers, qu'il serve. Que je serve : je servisse : je servirois. Servi. Servant.

Sortir, *Exire.*

je sors, tu sors, il sort : nous sortons, vous sortez, ils sortent. Je sortois. Je sortis. Je suis sortis : j'étois sorti : je sortirai : sors : qu'il sorte : que je sorte : que je sortisse. Je sortirois. Sorti. Sortant

Souffrir, *Pati.*

Je souffre, tu souffres, il souffre : nous souffrons, vous souffrez, ils souffrent. Je souffrois. Je souffris. J'ai souffert. Ie souffrirai. Souffres, qu'il souffre, Que je souffre : souffrisse : souffrirois. Souffert : souffrant

TENIR, *Tenere.*

Je tiens, tu tiens, il tient: nous tenons, vous tenez, ils tiennent. Je tenois. Je tins, tu tins, il tint : nous tinmes, vous tintes, ils tinrent. J'ai tenu. Je tiendrai. Tiens : qu'il tienne. Que je tienne : je tinsse : je tiendrois. Tenu. Tenant.

TRESSAILLIR, *Exultare.*

Ce Verbe n'est en usage qu'au present : je tressaille, &c. & dans les tems composez, *comme*, j'ay tressailli.

VENIR, *Venire.*

Je viens, tu viens, il vient : nous venons, vous venez, ils viennent Je venois. Je vins, tu vins, il vint: nous vinmes, vous vintes, ils vinrent. Je suis venu. Je viendrai. Viens : qu'il vienne : venons: venez : qu'ils viennent. Que je vienne. Que je vinse. Je viendrois, Venu. Venant.

DES VERBES IRREGULIERS.

De la troisiéme Conjugaison en OIR.

ASSEOIR, *Sedere.*

Asseoir est un Verbe reciproque, je m'assies, tu t'assies, il s'assie : nous nous asseions, vous vous asseiez, ils s'asseïent. Je m'asseiois. Je m'assis. Je me suis assis. Je m'asseierai. Assies-toi Qui s'asseïe : que je m'asseïe : que je m'assise. Je m'asseirois. Assis. Etant assis.

CHEOIR, *Cadere.*

Ce Verbe n'a que le passé defini, & les passés composés, je cheus, tu cheus, il cheut : nous cheûmes,
vous cheutes, ils cheurent. Ie suis cheus, à present on
se sert du Verbe *tomber*, à la place de, cheoir.

DEVOIR, *Debere.*

Je dois, tu dois, il doit : nous devons, vous devez,
ils doivent. *Imparfait*, je devois. *Passé defini*, je
deus, tu deus, il deut ; nous deumes, vous deutes, ils
deurent. *passé parfait*, j'ai deu. *Futur*, je devrai, *Conjonctif*, que je doive. *Imparfait.* Que je deusse. Je de-
vrois. Deu. Devant.

EMOUVOIR, *Excitare.*

J'émeus, tu émeus, il émeut : nous émouvons, vous
émouvez, ils émouvent. I'émouvois. I'émeus. I'ai
émeu. I'émouverai. Que j'émouve. Que j'émeusse.
J'émouverois. Emeu. Emouvant.

FALLOIR, *Oportere.*

Ce Verbe n'a que les troisiémes personnes du singulier.
Il faut. Il faloit. Il falut. Il a falu. Il faudra. Qu'il faille. Qu'il falut. Il faudroit : l'infinitif de ce Verbe n'est
point en usage.

PLEUVOIR, *Pluere.*

Pleuvoir est un Verbe Impersonnel, *comme*, falloir.
Il pleut. Il pleuvoit. Il pleut. Il a pleu. Il pleuvera.
Qu'il pleuve. Qu'il pleut. Il pleuveroit.

POUVOIR, *Posse.*

Je puis, tu peus, il peut; nous pouvons, vous pouvez, ils peuvent. Ie pouvois. Ie pus, tu pus, il put :
nous pûmus, vous pûtes, il pûrent. I'ai pû. Ie pourrai. Que je puisse, tu puisses, il puisse; nous puissions
vous puissiez, ils puissent : que je pusse, tu pusses, il
put : nous pussions, vous pussiez, ils pussent. Ie pour-
rois. Pû. Pouvant.

☞ On dit souvent, *je ne sçaurois*, au lieu de , *je
ne puis pas.*

SAVOIR, *Scire.*

Je sais, tu sais, il sait ; nous savons , vous savez.
ils savent. Ie savois. Ie leus. I'ai seû. Ie saurai : saches:
qu'il sache : que je sache : que je seusse : je saurois :
seû : sachant. *On n'écrit plus ce Verbe avec un c aprés
s comme on faisoit autrefois, je sçais : je sçavois, je
sçeus, &c.*

VALOIR, *Valere.*

Je vaus, tu vaus, il vaut ; nous valons , vous
valez , il valent. Ie valois. Ie valus. I'ai valu :
Ie vaudrai. Vailles : qu'il vaille : valons : valez, qu'ils
vaillent. Que je vaille. Je valusse : je voudrois ; valu :
valant.

VOIR, *Videre.*

Je vois, tu vois, il voit ; nous voions, vous voïez,
ils voïent. Ie voïois. Ie vis, tu vis , il vit ; nous vîmes,
vous vîtes, ils virent. I'ai veu. Ie verrai. Vois, qu'il
voïe, voïons , voïez, qu'ils voïent. Que je voïe. Que
je visse. Je verrois. Veu. Voïant.

D iiij

Pourvoir *fait au prefent*, je pourvois, *au paffé défini*, je pourveus, tu pourveus, il pourveut : nous pour-
veumes, vous pourveutes, ils pourveurent. *Au futur,*
je pourvoirai, &c.

VOULOIR, *Velle.*

Je veux, tu veus, il veut ; nous voulons, vous voulez, ils veulent. Je voulois. Je voulus. J'ai voulu. Je
voudrai. Que je veuïlle, tu veuïlles, il veuïlle ; nous
voulions, vous vouliez, ils veuïllent. Que je vouluffe.
Je voudrois. Voulu. Voulant.

DES VERBES IRREGULIERS

De la quatrieme Conjugaifon en OIR.

BATTRE, *Verberare ; cædere.*

JE bats, tu bas, il bat ; nous battons, vous battez,
ils battent. Je battois. Je battis. J'ai battu. Je bat-
trai. Bats : qu'il batte. Que je batte. Je battiffe. Je bat-
trois. Battu. Battant.

BOIRE, *Bibere.*

Je bois, tu bois, il boit ; nous beuvons, vous beuvez, ils boivent. Je beuvois. Je beus. J'ai beu. Je boi-
rai. Bois, qu'il boive, beuvons &c. Que je boive, tu
boives, il boive ; nous beuvions, vous beuviez, ils
boivent. Que je beuffe. Je boirois. Beu. Beuvant.

CEINDRE, *Cingere.*

Je ceins, tu ceins, il ceint ; nous ceignons, vous ceignez, ils ceignent. Je ceignois. Je ceignis. J'ai ceint. Je ceindrai. Que je ceigne. Je ceignisse. Je ceindrois. Ceint. Ceignant.

CIRCONCIRE *Circumcidere.*

Je circoncis, &c. nous circoncisons. Ie circoncisois. Ie circoncis. I'ai circonci. Ie circoncirai. Que je circoncise. Que je circoncisse. Je circoncirois. Circoncis. Circoncisant.

CONCLURE, *Concludere.*

Je conclus, &c. nous concluons. Je concluois. Je conclus. I'ai conclu. Ie conclurai. Que je concluse. que je conclusse. Je conclurois. Conclu. Concluant.

CONDUIRE, *Ducere.*

Je conduis, &c. nous conduisons. Je conduisois. Je conduisis. I'ai conduit. Ie conduirai. Que je conduise. Que je conduisisse. Ie conduirois. Conduit. Conduisant.

CONFIRE, *Condire.*

Je confis, tu confis, il confit ; nous confisons, vous confisez, ils confisent. Ie confisois. Ie confis. J'ai confi. Ie confirai. Que je confise. Que je confisse. Ie confirois. Confit. Confisant.

CONNOITRE, *Cognoscere.*

Je connois, tu connois, il connoit ; nous connoissons, vous connoissez, ils connoissent. Je connoissois,

Ie connus, tu connus, il connut ; nous connumes,
vous connutes, ils connurent. I'ai connu. Ie connoî-
trai. Connois, qu'il connoisse. Que je connoisse. Ie
connusse. Ie connoitrois. Connu. Connoissant.

CONSTRUIRE, *Construere.*

Je construis. Ie construisois. Ie construisis, *le reste
comme :* conduire.

CONTREDIRE, *Contradicere.*

Je contredis, tu contredis, il contredit ; nous contredisons, vous contredisez, ils contredisent. Ie con-
tredisois. Ie contredis. Ie contredirai : contredis, qu'il
contredise : contredisons : contredisez : qu'ils contredisent :
que je contredise. Ie contredirois. Contredit. Con-
tredisant.

COUDRE, *Suere.*

Je cous, tu cous, il cout ; nous cousons, vous cou-
sez, ils cousent. Ie cousois. Ie cousus. I'ai cousu Ie
couserai. Cous, qu'il couse. Que je couse Que ie
coususse. Ie couserois, & *non pas* je coudrois. Coususse.
Cousant.

CRAINDRE, *Timere.*

Je crains, tu crains, il craint ; nous craignons, vous
craignez, ils craignent. Ie craignois. Ie craignis. I'ai
craint. Ie craindrai : Crains, qu'il craigne : craignons
craignez, qu'ils craignent. Que je craigne. Ie crai-
gnisse. Ie craindrois. Craint. Craignant.

CROIRE, *Credere.*

Je crois, & je croi, tu crois, il croit ; nous croions

vous croïez, ils croient. Ie croïois. Ie crus. J'ai cru.
Ie croirai. Crois, qu'il croïe : croïons, &c. Que je
croïe. Ie crusse. Ie croirois. Cru. Croïant.

CROISTRE, *Crefcere.*

Je crois, tu crois, il croît ; nous croiffons, vous
croiffez, ils croiffent. Ie creffois. Ie creus, tu creus,
il creut : nous creumes, vous creutes, ils creurent. Je
fuis creu. Ie croîtrai. Crois : qu'il croiffe : croiffons,
croiffez, qu'ils croiffent. Que je croiffe. Ie creuffe. Ie
croitrois. Creu. Croiffant.

CUIRE, *Coquere.*

Je cuis, tu cuis, il cuit ; nous cuifons, *le refte com-*
me Conduire.

DETRUIRE, *Deftruere.*

Je detruis, &c. *le refte comme* Conduire.

DIRE, *Dicere.*

Je dis, tu dis, il dit ; nous difons, vous dites, ils
difent. Je difois. Ie dis, tu dis, il dit ; nous dimes,
vous dites, ils dirent. I'ai dit. Ie dirai. Dis, qu'il dife:
difons : dites, qu'ils difent. Que je dife, tu difes, il
dife ; nous difions, vous difiez, ils difent : que je dife,
tu difes, il dit ; nous diffions, vous diffiez, ils diffent
Je dirois. Dit. Difant.

DISSOUDRE, *Diffolvere.*

Je diffous, tu diffous, il diffout ; nous diffolvons,
vous diffolvez, ils diffolvent. Ie diffolvois. Ie diffou-
dis. I'ai diffous. Ie diffolverai. Que je diffolve. Ie dif-
foluffe. Ie diffolverois, Diffoudre. Diffous. Diffolvant.

ECRIRE, *Scribere.*

J'écris, tu écris, il écrit ; nous écrivons, vous écrivez, ils écrivent. J'écrivois. J'écrivis. J'ai écrit. J'écrirai. Ecris, qu'il écrive. Que j'écrive. J'écrivisse. J'écrirois. Ecrit. Ecrivant.

ETEINDRE, *Extinguere.*

J'éteins, tu éteins, il éteint ; nous éteignons, vous éteignez, ils éteignent, &c. *comme* Craindre.

FAIRE, *Facere.*

Je fais, tu fais, il fait ; nous faisons, vous faites, ils font. Je faisois. Je fis, tu fis, il fit ; nous fîmes, vous fîtes, ils firent. J'ai fait. Je ferai. Fais, qu'il fasse; faisons, faites, qu'ils fassent. Que je fasse. Que je fisse, tu fisses, il fît. Je ferois : Fait. Faisant.

JOINDRE, *Jungere.*

Joins, tu joins, il joint ; nous joignons, vous joignez, ils joignent. Je joignois. Je joignis. Je joindrai. Joins : qu'il joigne, Que je joigne. Que je joignisse : Je joindrois. Joint. Joignant.

LIRE, *Legere.*

Je lis, tu lis, il lit : nous lisons; vous lisez, ils lisent. Je lisois. Je leu, tu leus, il leut : nous leumes, vous leutes, ils leurent. J'ai leu. Je lirai. Lis, qu'il lise ; lisons, lisez : qu'ils lisent. Que je lise : je leusse, tu leusses, il leut. Je lirois. Leu. Lisant.

LUIRE, *Luere.*

Je luis, tu luis, il luit, nous luisons, &c. *comme le Verbe* conduire.

MAUDIRE, *Maledicere.*

Je maudis, tu maudis, il maudit; nous maudissons, vous maudissez, ils maudissent. Je maudissois. Je maudis. J'ai maudit. Je maudirai. Maudis, qu'il maudisse; maudissons, maudissez, qu'ils maudissent. Que je maudise. Que je maudisse, tu maudisses, il maudisse. Je maudirois. Maudit. Maudissant.

METTRE, *Ponere.*

Je mets, tu mets, il met; nous mettons, vous mettez, ils mettent. Je mettois. Je mis, tu mis, il mit; nous mimes, vous mites, ils mirent. J'ai mis. Je mettrai. Mets, qu'il mette. Que je mette. Que je misse, que tu misses, il mit, nous missions. Je mettrois. Mis. Mettant.

MOUDRE, *Molere.*

Je mous, tu mous, il mout; nous moulons, vous moulez, ils moulent. Je moulois. Je moulus. J'ai moulu. Je moudrai. Mous, qu'il moule. Que je moule. Je moulusse. Je moudrois. Moulu. Moulant.

NAÎTRE, *Nasci.*

Je nais, tu nais, il nait; nous naissons, vous naissez, ils naissent. Je naissois. Je naquis, tu naquis, il naquit; nous naquimes, vous naquites, ils naquirent. Je suis né. Je naîtrai. Nais; qu'il naisse. Que je naisse. Que je naquisse. Je naîtrois. né, naissant.

NUIRE, *Nocere.*

Je nuis, tu nuis, il nuit; nous nuisons, vous nui

fez, ils nuifent. Ie nuifois. Ie nuifis. J'ai nuit. Ie nui-
rai. Nuis. Que je nuife. Ie nuififfe, tu nuififfes, il
nuifit ; nous nuififfions, vous nuififfiez, il nuififfent :
Ie nuirois. Nuit, Nuifant.

PAROITRE, *Apparere.*

Je parois, &c. *comme*, connoître.

PLAIRE, *Placere.*

Je plais, tu plais, il plait ; nous plaifons, vous plai-
fez, ils plaifent. Ie plaifois. Ie pleus, tu pleus, il pleut ;
nous pleumes, vous pleutes, ils pleurent. J'ai pleu. Ie
plairai. Plais, qu'il plaife. Que je plaife : que je pleuf-
fe. Ie plairois. Pleu. Plaifant. *On laiffe à la liberté*
d'écrire ce Verbe au paffé defini: je plus, ou je pleus, *de*
même que : j'ai pleu, *ou* j'ai plu

PEINDRE, *Pingere.*

Je peins, tu peins, il peint ; nous peignons, &c.
comme craindre.

PRENDRE, *Accipere.*

Je prens, tu prens, il prent ; nous prenons, vous
prenez, ils prennent. Ie prenois. Ie pris, tu pris, il
prit ; nous primes, vous prites, ils prirent. J'ai pris
Je prendrai. Prens, qu'il prene ; prenons, prenez,
qu'ils prenent. Que je prene. Que je priffe. Ie pren-
drois. Pris. Prenant.

PREDIRE, *Prædicere.*

Je predis, tu predis, il predit : nous predifons ; vous
predifez, ils predifent. Ie predifois. Ie predis, tu pre-

dis, il predit ; nous predimes, vous predites , ils predi-
rent. I'ai predit. Ie predirai Predis , qu'il prediſe.Que
je prediſſe. Ie predirois. Predit. Prediſant.

RESOUDRE, *Reſolvere.*

Je reſous, tu reſous, il reſout ; nous reſoudons ,
vous reſoudez , ils reſoudent : *quelque-uns diſent au*
pluriel , nous reſolvons , vous reſolvez , ils reſolvent.
Je reſoudois, & je reſolvois. Ie reſolus. I'ai reſolu. Ie
reſoudrai , ou je reſolverai .Que je reſoude , ou reſolve
Ie reſoluſſe. Ie reſoudrois. Reſolu. Reſoudant.

RIRE , *Ridere.*

Je ris , tu ris , il rit ; nous rions , vous riez , ils
rient. Ie riois. Ie ris , tu ris, il rit ; nous rimes , vous
rites , ils rirent. I'ai ris. Ie rirai. Ris, qu'il rie ; rions ,
riez , qu'ils rient. Que je rie. Que je riſſe. Ie rirois :
Rit. Riant.

SUFFIRE , *Sufficere.*

Je ſuffis , tu ſuffis , il ſuffit ; nous ſuffiſons , vous
ſuffiſez, ils ſuffiſent. Ie ſuffiſois Je ſuffis. I'ai ſuffi :
Ie ſuffirai. Que je ſuffiſe Ie ſuffiſſe. Ie ſuffirois. Suffi :
Suffiſant.

SUIVRE , *Sequi.*

Je ſuis , tu ſuis, il ſuit ; nous ſuivons , vous ſuivez,
ils ſuivent. Ie ſuivois. Ie ſuivis. J'ai ſuivi. Ie ſuivrai.
Suis , qu'il ſuive. Que je ſuive. Ie ſuiviſſe. Ie ſuivrois,
Suivi. Suivant.

TAIRE , *Tacere.*

Ie tais ; nous taiſons. Je taiſois. Je teus. J'ai teu,

ou je me suis teu, &c. *comme* plaire. Ce Verbe est aussi reciproque, *comme*, je me tais, tu te tais, il se tait : nous nous taisons. Ie me taisois. Ie me suis teus.

TEINDRE, *Tingere.*

Ie teins, tu teins, il teint ; nous teignons , vous teignez : ils teignent. Ie teignois. Ie teignis. J'ai teint. Ie teindrai. Teins, qu'il teigne. Que je teigne. Ie teignisse. Ie teindrois. Teint. Teignant.

TRAIRE, *Mulgere.*

Ie trais , tu trais , il trait ; nous traions , vous traïez ils traïent. Ie traïois : *point de passé defini* , j'ai trait. Ie trairai. Traïe , qu'il traïe. Que je traïe : *point de premier imparfait.* Trait. Traïant.

Extraire & distraire , n'ont que le singulier du present , le futur , & le participe.

J'extrais , tu extrais, il extrait. J'extrairai. J'extrairois. Extrait.

Ie distrais , tu distrais , il distrait. Ie distrairai. Ie distrairois. Distrait.

VAINCRE, *Vincere.*

Ce Verbe n'est point usité au singulier du present , mais au pluriel , nous vainquons , vous vainquez , ils vainquent. Ie vainquis. J'ai vaincu. Ie vainquerai. On ne se sert plus de ce Verbe qu'à l'infinitif, & au participe : *comme* , il faut vaincre , ou mourir : ils sont vaincus : ils furent vaincus.

VIVRE, *Vivere.*

Ie vis , tu vis , il vit ; nous vivons, vous vivez , ils vivent. Ie vivois. Ie vecus. J'ai vêcu. Ie vivrai. Vis qu'il vive. Que je vive. Ie vêcusse. Ie viverois. Vêcu. Vivant.

DES VERBES.

Reciproques, Neutres, & Impersonels.

LEs Verbes Reciproques sont precedés dans tous leurs tems, des pronoms conjonctifs, *me, te, se nous, vous, se*, qui font reflechir l'action, sur la persone qui parle, comme.

Je me couche, tu te couches, il se couche ; nous nous couchons, vous vous couchez, ils se couchent, & de même par tous les tems : comme on peut voir au *folio* 76. au Verbe repentir.

Les Verbes Reciproques, sont toujours accompagnés du pronom *se*, à leur infinitif : comme, *s'abstenir, se coucher, se souvenir, se repentir, se tromper.*

Tous les Verbes peuvent devenir Reciproques, comme, *s'aimer, je m'aime*, &c. *je me louë, tu te louë*, &c.

☞ Tous les Verbes Reciproques se conjuguent dans les passés composés par les tems du Verbe *Etre*, & jamais par ceux du Verbe *Avoir*, & on dit *je me suis couché*, ou *couchée*, & jamais *je m'ai couché. Ie me suis trompé* & non pas, *je m'ai trompé. je me suis aimé*, & non pas ; *je m'ai aimé.*

LEs Verbes Neutres se conjuguent comme les Verbes Actifs : on les appelle Neutres, parce qu'ils expriment leurs actions sans avoir besoin de regime, aprés eux, comme: *descendre, tomber, trembler, regner, aller*, on dit, *je descens, tu descens*, &c. on connoit que ce Verbe fait son action seul, & qu'on ne

dit pas , *je descens mon corps : je tremble ma main :
je regne mon roïaume.*

Les Verbes Neutres se conjuguent dans les passés
composés , les uns par les tems du Verbe *Avoir*, comme , *j'ai tremblé : j'ai regné* &c. ceux qui se conjuguent avec le Verbe *Etre*, sont les suivans.

*Aller , arriver , croître , descendre , decheoir , deve-
nir , entrer , écheoir , monter , mourir , naitre , partir , parvenir , retourner , sortir , tomber , venir.*

Passer, est aussi un Verbe Neutre , qui se conjugue
par les tems des Verbes *Avoir & Etre*, comme , *j'ai
passé , je suis passé.*

LEs Verbes Impersonels en François n'ont que la
troisiéme persone du singulier.

Il y a deux sortes de Verbes Impersonels , les uns
actifs , les autres passifs.

Les Impersonels actifs ont devant eux *il* : comme,
*il faut , il falloit , il fallut , il faudra , qu'il faille ,
qu'il fallut , il faudroit ,* & de même des Verbes Impersonels , par tous leurs tems : comme :

*Il pleut , il neige , il grele , il tonne , il arrive , il
importe.*

Les Impersonels passifs , font ceux, qui ont devant
eux la particule *on* , qui exprime la voix passive des
Latins , comme : on dit , *dicitur* ; on loüe , *laudatur* ;
on écrit *scribitur* ; ces Verbes n'ont en François que la
troisiéme persone du singulier seulement , & tous les
Verbes deviennent Impersonels quand ils ont devant
eux *on* : comme , *on dit une chose , on dit plusieurs
choses ; on aime la vertu , on aime les richesses.*

Les Verbes Auxiliaires *Avoir & Etre* , font aussi
quelquefois Impersonels.

Le Verbe *Avoir* est Impersonel , quand il est precedé de *il y* , & que *y* marque le tems , ou le lieu, comme.

Il y a un an , il y a deux mois.
Il y avoit beaucoup de monde ici.
Il y avoit plusieurs personnes aux Thuilleries.

Le Verbe *Etre* , devient Impersonel , quand il est precedé du pronom demonstratif, *ce* : comme , *c'est moi ; c'est toi ; c'est lui ; c'est elle ; c'est nous ; c'est vous ; ce sont eux ; ce sont elles* , & de même par tous les tems.

☞ Il faut se souvenir que l'on met ce Verbe à la troisieme persone du singulier , & du pluriel ; comme *c'étoit un honête homme; c'étoient de braves gens; ce fut, ce furent ; c'a été , c'ont été ; c'avoit été, c'avoient été ; ce sera , ce seront.*

Mais on dit au singulier seulement , *c'est nous ; c'é toit nous ; ce fut nous , ce fut vous ; ce sera moi , ce sera vous* , &c.

☞ Quand on met *on* aprés un Verbe qui finit par voïelle, il faut écrire, & prononcer un *t.* entre deux : comme , *chante-t-on ? sera t-on ? dira-t-il.*

❖❖❖❖❖❖❖❖❖❖ ❖❖❖❖❖❖❖❖❖❖❖

Des Participes & Gerondifs.

Quand on trouve deux Verbes de suite , dont les premiers sont les Verbes *Avoir,* ou *Etre :* comme *j'ai aimé, j'étois aimé; je suis veu; nous serons blâmés:* les seconds Verbes, *aimé, veu, blâmés,* sont des participes, qui ont le genre masculin, & feminin; le singulier, & le pluriel ; particulierement quand ils sont aprés le Verbe *Etre :* comme , *je suis aimé , j'étois aimée : nous sommes veus , nous sommes veües.*

Toutes les fois que les Verbes sont du genre masculin, ou feminin , ils sont des participes , que nos anciens Auteurs appellent Supins : comme : *un billet écrit ; une lettre écrite ; des papiers écrits ; des sentences* écrites : ces mots *écrit*, *écrité*, *écrits*, *écrites*, font des participes, parce qu'ils font Verbes, & Noms, Adjectifs.

Il y a deux fortes de participes, favoir Actifs, & Paffifs.

Les Participes Actifs ont devant eux le Verbe *Avoir* comme, *j'ai chanté*, *j'avois écrit*.

Les Participes Paffifs font precedés du Verbe *Etre :* comme, *je fuis prié, ils font venus*.

Les Participes Actifs Latins, qui finiffent en *ans*, & en *ens*, & tous les Gerondifs Latins, qui font terminés en *ando*, & en *endo :* comme, *amans, amando ; legens, legendo ; dicens, dicendo ;* ont en François la terminaifon en *ant :* comme *dimant, lifant, difant, parlant, écrivant, voïant, finiffant*.

Voïez dans la troifiéme partie la Concordance des Participes.

DES ADVERBES

L'Adverbe eft ce qui fe met auprés d'un Verbe pour lui donner plus ou moins de force : comme, *il parle bien, beaucoup, peu, vites, toûjours, agreablement, mal, ignoramment*, &c.

L'Adverbe ne change point, on écrit, & on prononce les Adverbes toûjours de même, il y en a de plufieurs manieres : comme, *des Adverbes de tems ; de lieu ; de quantité ; d'affirmation ; de negation ; d'interrogation ; de comparaifon*, &c. dont je donnerai, quelques exemples.

Des Adverbes de tems.

Quand, *quando*,
Aujourd'hui, *hodie*.

Hier, *heri.*
Avant-hier, *nudius tertius.*
Demain, *cras.*
Le matin, *manè.*
Le soir, *serò.*
Sur le soir, *ad vesperam.*
A present, maintenant, *nunc.*
Tout presentement, *jam-jam.*
Autrefois, *aliàs, quondam.*
Quelque-fois, *aliquando, modo.*
Quelque jour, *aliquando, aliqua die.*
Toujours, *semper.*
Jamais, *nunquam.*
A jamais, *in æternum.*
Dernierement, *nuper.*
Tantot, *mox, brevi.*
Bien-tot, *modo.*
Plutot, *cito, potius.*
Au plutot, *cito, citius.*
Souvent, *sæpe.*
Jusque à quand, *usquequò.*
Jusque à ce que, *donec.*

Des Adverbes de lieu.

Ailleurs, *alibi, alio.*
D'ailleurs, *aliunde.*
Où allez-vous ? *quo vadis ?*
Où êtes-vous ? *ubi es ?*
D'où venez-vous ? *unde venis ?*
Par où passerez-vous ? *quà transibis ?*
Ie vais là, *eo illuc.*
Ie viens de là, *venio illinc.*
Ie passerai par là, *transibo illac.*
Ici, *hic. huc.*
Ie suis ici, *sum hic.*
Il viendra ici, *veniet huc.*

Il est sorti d'ici , *hinc exivit.*
Il passera par ici , *hàc transibit.*
Iusques ici , *huc usque.*
Iusques-là , *illuc usque.*
Quelque part , *aliquo , alicubi.*

Des Adverbes de quantité

Aprés les Adverbes de quantité , on met le genitif avec l'article indefini , *de* , ou *d'.*
Combien de tems , *quandiù.*
Combien de soldats , *quot milites.*
Combien de vin , *quantum vini.*
Combien d'eau , *quantum aqua.*
Combien de fois , *quoties.*
Beaucoup d'hommes , *multi homines.*
Beaucoup de femmes , *multæ mulieres.*
Beaucoup de tems , *multum temporis.*
Beaucoup de viande , *multum carnis.*
Peu de vin , *parum vini.*
Peu d'eau , *parum aqua.*
Tant d'hommes , *tot homines.*
Autant d'hommes que de femmes , *tot homines , quot mulieres.*

Des autres Adverbes en general.

A peine , *vix.*
Au moins , *saltem.*
Aussi , *etiam.*
Enfin , *tandem.*
Oüi , *ita , etiam.*
Non , *non.*
Assurement , *sane , profecto,*
Comment ? *quomodo.*
Encore , *ad huc.*
Pourquoi ? *quare ?*

Fidelement , *fideliter.*
Bien , *bene.*
Fort bien , *optime.*
Mal , *male.*
Fort mal , *peſſime, graviter.*
Il eſt fort mal; *graviter agrotat,*
Genereuſement , *generoſè.*
Une fois , *ſemel.*
Deux fois , *bis.*
Mieux *melius.*
Pire *Pejus.*
Beaucoup mieux , *multo melius,*
Plus , *magis.*
Plus mal , *pejus.*
Doctement , *docte.*
Plus doctement , *doctius.*
Peu à peu , *paulatim.*
Tant ſoit peu , *tantiſper.*
Peut-être , *forſan.*
Premierement , *primò.*
Prudemment , *prudenter.*
Secondement, *ſecundò.*
Tard , *tardè.*
Trop tard , *nimis tardé.*
De nuit , *noctù.*
De nuit, & de jour. *noctuque, diuque,*
Par hazard , *fortuito.*
Pareillement , *pariter.*
Peu à peu, *paulatim.*
Pas à pas , *gradatim,*
Vites , *citò.*

DES PREPOSITIONS.

ON met aprés les Prepofitions Françoifes , l'un de ces trois cas , genitif, datif, accufatif.

On met le genitif , c'eft-à-dire les Articles , *du* , *de la* , *de l'* , *des* , *de* , aprés les prépofitions fuivantes.

A l'entour , & autour , *circum* , du , de la , des , de.
Arriere , *procul* , du , dela , de l' , des , de.
Au deça , *cis* du , dela , de l' , des de.
Au delà , *trans* , du , de la , de l' , des , de.
Au deffus , *fupra* , du , de la , de l' , des , de.
Au deffous , *infra* , du , de la de , l' , des de.
Auprés , *prope* , du , de la , de l' , des , de.
Aux environs , *circa* , du , de la , de l' , &c.
Au pied , *ad pedes* , *ad calcem* , du , de la , &c.
Au prix , *præ* , du , de la , de l' , des , de , d'.
Enfuite , *poft* , du , de la , de , l' ; des , de d',
Hors , *extra* , du , de la , des , de , d'.
Le long , *fecundum* , du , de la , des , de.
Prés , *juxta* , du , de la , des , de.

De toutes les Prepofitions , il n'y a que , jufques , aprés qui on met le datif.

Iufques , *ufque* , au , à la , à l' , aux , à.
Iufques à moi. à Paris , au Prince , à la riviere, à l'armée , aux bois , aux extremités.

On dit , *jufques où ? jufques ici , jufques là , jufques à demain.*

Les prepofitions aprés lefquelles on met l'accufatif font.

Aprés , *poft* , le , la , l' , les.

Avec

Avec, *cum*, avec moi, le Prince, la main.

Avant, *ante*, avant le jour, la nuit.

Chez, *apud*, chez nous, le banquier, chez vous.

Contre, *contra*, contre l'ennemi, lui, nous, vous.

Dans, dedans, *in*, Rome, le jardin, la chambre.

De, *de*, de Paris à Rome.

Deçà les Alpes, ou deçà des Alpes, *Cis Alpes*.

De là, par de là, *citrà*. la rue, l'Eglise, les Alpes.

Au-de-là des, *trans*, des Alpes, de l'Eglise, au gen.

Devant, *ante*, *coram*, devant le Juge, la Ville.

Derriere, *poft*, *retrò*, derriere la porte, les montagnes.

Depuis, *à*, *ab*, deux mois, la Fête-Dieu.

Deſſous, *ſub*, deſſous la table, le lit.

Deſſus, *ſuprà*, deſſus la chaiſe,

En, *in*, en France, en reputation.

Envers, *erga*, envers ſes parens, mes amis,

Environ, *circa*, *circum*, environ deux heures.

Entre, *inter*, entre nous, le chaiſe, & le fauteüil.

Outre, *ultrà*, outre l'affront qu'il m'a fait,

Par, *per*, par l'Allemagne.

Parmi, *inter*, entre le baſtion, & la demie-lune.

Pour, *pro*, pour moi, pour ſes enfans.

Sans, *ſine*, ſans lui, ſans elle,

Selon, *ſecundùm*, ſelon vôtre ſentiment.

Sous, *ſub*, ſous le lit, ſous ſa protection,

Sur, *ſuper*, ſur les tuiles, le clocher, ſa parole.

Vers, *Circa*, vers le palais; la place.

Vis-à-vis, *è regione*, ou *ante*, vis-à-vis l'Egliſe, &c.

☞ Souvenez-vous que l'on met les articles du Genitif, *du*, *de la*, *de l'*, *des*, aprés les verbes, & les
prepoſitions, quand on parle de quelque choſe qu'on
ne diſtingue pas particulierement, & que l'on peut entendre par partie: *comme*

Apportez-moi du pain, du vin, de l'eau, de la bierre,
du caffé, de la chandelle, des verres, des ceriſes.

Je mange, du pain; Je connois des hommes; mon
frere a de l'eſprit.

Avec des ſoldats : deſſus des planches : pour des enfans : ſur des chevaux d'Eſpagne.

Avec du pain, & de l'eau.

☞ Dans les fraſes ci-deſſus , on parle ſans determiner particulierement la choſe : mais ſi l'on determinoit une totali*t*é , quelle petite ou grande que ce ſoit , il faut mettre les articles de l'Accuſatif *le , la , l' , les , un* , on *une : comme*

Donnez-moi le vin , la bierre , l'eau, qui eſt dans la bouteille.

Il eſt avec le ſoldat , un ſoldat , *ou* les ſoldats de vôtre compagnie.

C'eſt pour la fille , les filles , une fille de Monſieur le Marquis.

Je connois l'homme, la femme, les enfans dont vous m'avez parlé.

DES CONJONCTIONS.

LEs Conjonctions ſervent pour joindre les fraſes : *comme*

Et , *&* , *que.*
Car , *nam* , *enim.*
Donc , *ergo.*
Enfin , *tandem,*
Mais , *ſed.*
Neanmoins , *nihilominus.*
Ou , *vel.*
Parceque , *quia.*
Pourtant , *id circò* , *tamen.*
Quand , *quando.*
Si , *ſi.*
Auſſi , *quoque.*

Tous les mots qui finiſſent en *Que*, ſont des Conjonctions : comme,

 Afin que, *puiſque*, *pourveu que*, *encore bien que*,
quoique, &c.

☞ Aprés la Conjonction *ſi* on met l'indicatif : comme
ſi je puis, *ſi vous voulez*, *ſi je ſavois*, *ſi nous pou-*
vions, *s'ils viennent*, *s'ils écrivent*, &c.

DES INTERJECTIONS.

LEs Interjections ſont des mots qui étant dits ſeuls,
ont autant d'énergie, comme ſi on en diſoit pluſieurs.

 Exemple. Paix ! *tace* ! *taceto* ! ce mot *Paix* ! ſignifie,
ne faites point de bruit ; *ne parlez point* ; *taiſez-vous*.

 Fi ! ce mot *ſi* ! ſignifie, *il ſent mauvais ici*.

 Fi ſignifie auſſi, *cela eſt honteux* : comme, *Fi*! *ne*
m'en parlez pas.

 Courage ! ce mot a autant de force comme ſi on diſoit, *allons mes amis*, *mangeons*, *beuvons*; *mangez*,
beuvez, *travaillez*.

 Et ainſi des ſuivans : Gares, *cave*, *caveto*.
Helas : *heu*.
Ferme, *age*.

 Tous les juremens ſont auſſi des interjections.

GRAMMAIRE
FRANÇOISE,
DE VENERONI.

TROISIE'ME PARTIE.

Qui contient les Regles , que les François , & les Etrangers doivent suivre , pour parler , & écrire selon le sentiment de nos Auteurs les plus celebres & les plus modernes , & l'Usage le plus recent.

Tu vivendo bonos , scribendo sequare peritos,

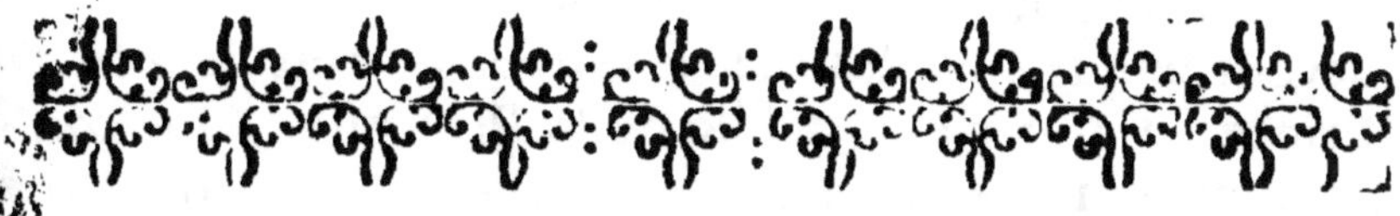

CHAPITRE I.

CONSTRUCTION
des Articles.

LEs Etrangers font embarraffés fur les articles François, & ils ne favent pour exprimer, *da mihi pa-
nem*. s'il faut dire, donnez-moi le pain, *ou*, donnez-
moi du pain, *ou*, donnez-moi un pain.

Et pour dire en François, *eft corona Principis*. ils
ne trouvent point de regles, qui leur enfeignent, quand
il faut qu'ils difent, c'eft la couronne du Prince, *ou*,
c'eft la couronne d'un Prince, *ou*, c'eft une couronne
de Prince.

Et de même pour exprimer, *affer candelas*, fi c'eft
apportez des chandeles, *ou*, apportez les chandeles :
Et plus ils lifent de Grammaires, & de remarques fur
la Langue Françoife, moins ils trouvent l'éclairciffe-
ment de leurs difficultés.

Pour n'être pas embataffé fur la pofition des articles, il faut favoir ce que c'eft, Article defini, & Article indefini.

le, la, l', les,
du, de la, de l', des,
au, à la, à l', aux.

Les Articles definis determinent, fpecifient, & ind:quent singulierement , & particulierement les noms devant lesquels on les met : *comme* ; c'est le fils du Prince. J'ai parlé à la fille de la Princesse. On connoît que l'on determine, specifie , & indique un tel fils d'un tel Prince , & une telle fille d'une telle Princesse.

L'Article indefini est.

de , d' , à.

Cet Article indefini ne determine , specifie, & indique , que generalement, indistinctement, & confusement les noms devant lesquels il est : *comme* , un habit de Roi , de Prince , de valet , de soldat , d'étoffe , de drap , de toile. *On ne determine , specifie, ni indique , aucun Roi , Prince , valet , soldat , étoffe , drap , ni toile , en particulier ,* mais generalement , indistinctement , & confusement.

☞ Souvenez-vous que , *de* , & *à* , sont toujours des Articles indefinis, *comme*: de moi, à moi , de lui, d'elle, de Pierre , à Pierre , de Rome, à Rome.

☞ Remarquez que ces mots ; *un* , & *une* , se mettent souvent en François comme articles indefinis, *Exemple*. C'est un Roi , une Reine , un soldat , un oiseau , un cheval , un poisson , une épée , une femme , une fille. Dans ces exemples, on ne determine, que generalement, & confusement ; ainsi, *un* , & *une* , sont des Articles indefinis.

Pour faciliter la maniere d'apprendre la Langue Françoise , & éclaircir les difficultés sur la position des Articles ; j'ai reduit la confusion des regles en deux principales , que j'ai divisées ; la premiere en quatre petites observations sur l'Article défini ; & la seconde en quatre autres observations sur l'Article indefini

OBSERVATIONS
fur l'Article défini.

1. **L**A premiere obfervation eft , quand on parle en déterminant, fpecifiant , & indiquant particulierement une chofe, il faut mettre au Nominatif, & à l'Accufatif les Articles , *le* , *la*, *l'* , *les* : comme : Le Soleil éclaire la terre. L'étude rend les hommes favans. Le pain nourit l'homme. Le Prince aime les gens de lettres. J'ai vû le Prince.

2. La feconde eft , qu'il faut auffi mettre les mêmes Articles définis, *le* , *la*, *l'* , *les*, quand on parle d'une totalité : *comme* : donnez-moi le pain : *c'eft-à-dire*, donnez-moi le pain entier. Mais fi on parloit d'une partie , fans déterminer , ni fpecifier le tout , ni quelle eft particulierement la chofe ; il faut mettre les articles , *du, de la , de l', des*, comme, *donnez moi du pain : de l'eau , de la bierre , des cerifes. Je cherche du bois , de la chandelle , des livres , des tableaux , des lettres , des hommes, &c. c'eft de la viande , du poiffon. Ce font des fripons* , &c. Dans ces exemples on ne parle que d'une partie, & fans fpecifier le nombre , ni quelles font particulierement les chofes.

3. Si on parloit par unité, & fans fpecifier la chofe, on met *un* ou *une* , comme: *Donnez-moi un pain , une chandelle , un livre. Je vois un homme, une femme, un chien, un cheval.* Dans ces exemples on ne parle que d'une chofe, fans fpecifier de quelle forte eft cette chofe.

Si on avoit parlé auparavant de la chofe , il faut mettre les Articles définis , *le* , *la* , *les* : comme, *Je vois l'homme, la femme, le pain , la viande , le chien ,* le cheval, le livre, les tableaux, les Villes dont nous avons parlé.

4. Il n'y a point de difficulté sur les Articles definis. du, de la, de l', des, pour marquer le Genitif, ou l'Ablatif: comme *Le prix du vin, de la viande, de la chandelle, de l'étoffe, des chevaux ; la longueur des allées ; la beauté des femmes :* Ces exemples sont au Genitif: & les suivans sont à l'Ablatif. *Ie suis estimé du Prince, de la Princesse, des Bourgeois, des Marchands. Il est sorti du Roïaume, de la Ville. Il parle, il traitte du Droit, de la Logique, des Libertés, des Franchises.*

OBSERVATIONS

sur l'Article indefini.

1. C'Est une regle generale de mettre l'Article indefini, *de*, aprés les Adverbes de quantité, & aprés les noms qui marquent la mesure & la matiere dont une chose est remplie, ou composée.

Aprés les Adverbes de quantité: comme, *beaucoup de fruits ; peu de raisins ; tant de fleurs ; autant de courage, que de hardiesse.*

Aprés les noms qui marquent la mesure : comme, *haut de six pieds ; large de deux doigts ; profond de douze toises ; long de vingt pas ; plus étroit de deux pouces ; plus long de deux aunes.*

Aprés les noms qui marquent la matiere dont une chose est composée, faite, ou remplie : comme, *une tasse, une statuë, une épée, un vase d'or, & d'argent, de cuivre, de métail, de bronze, de plomb, d'étain, de bois, de verre, de paille.*

Un paté de lievre, de sanglier, de cerf, de canards,

de lapin, de perdrix, une grappe de raiſin.

Vn habit de ſoïe, de taffetas, de laine, de ſerge.

Vn ſac de bled, un panier de pommes, une once de tabac, une chopine de vin, de lait.

Vne taſſe de thé, de caffé, de chocolat.

2. On met auſſi l'Article indefini devant les noms qui marquent la qualité, ou l'inſtrument : comme : *il a un cœur de Roi ; c'eſt un cheval de caroſſe, un coup de tonnerre, un raïon de Soleil, un éclat de bombe, un coup de ſabre, de poing, de pied.* On voit par ces exemples que l'on met ſouvent l'Article indéfini aprés *un.*

3. Si l'on ſpecifie, ou ſi l'on partage la qualité, la meſure, ou la matière, il faut ſe ſervir de l'Article defini, *du, de la, de l', des* : comme, *une taſſe, une bouteille, un morceau, un panier, du vin, du fruit, du cuivre qu'il a chez lui ; un échantillon du drap bleu, un morceau du paté, qui eſt dans ſa chambre.*

4. Il faut mettre l'Article indefini *de* ou *d'*, aprés les verbes toutes les fois que les Adjectifs ſont devant les Subſtantifs, comme, *I'ai veu de beaux tableaux, de tres-beaux chevaux, de longues allées, de riches Marchands, de belles dantelles, d'illuſtres familles. I'ai bu de bon vin, d'excellente bierre. I'ai parlé à de braves Capitaines.*

Si le nom Subſtantif eſt devant l'adjectif, il faut mettre l'Article defini : comme, *I'ai achetté des chevaux blancs : j'ai trouvé des allées longues & étroites ; des gens ſociables ; des Marchands riches, & puiſſans.*

Si devant les noms adjectifs il n'y a point de Verbe, mais quelque nom ſubſtantif, on met les Articles definis du genitif, *du, de la, des* : comme, *le prix des beaux tableaux, la fraîcheur des longues allées, la longueur du petit bois,* &c.

GALLECISMES .

ou manieres de parler sur les articles.

ON dit en françois. *Un bon homme de mari,*
Une coquine de femme.
Un fripon de valet.
Rien du tout ; point du tout.
Une soupe aux choux , aux pois , au lard.
Une éclanche à la daube.
Une carpe à l'étuvée , au courboüillon , au bleu.
Du beuf à la persillade.
Des pois au lard.
Des échaudez aux œufs , au sel , au beure.
Du tabac à la fleur d'oranges.
Des confitures au sucre , au miel.
I'ai parlé à des hommes , à des femmes.
I'écris à des puissans seigneurs.
I'ai mal à la tête , aux yeux , aux pieds , au cœur,
*   à l'estomac.*

☞   Les François ne mettent point d'articles aprés
tous les tems des verbes suivans.

Avoir soin.
Avoir égard.
Avoir compassion , pitié.
Avoir beau tems , mauvais tems , chaud , froid.
Avoir envie , avoir dessein.
Boire chopine , demi septier , pinte.
Courir risque , danger , fortune.
Faire amitié , bonne mine , mauvaise mine,
Faire gogailles.

Gagner païs, marcher plus vîtes.
Gagner aux pieds, s'enfuir.
Prendre courage, conseil, avis.
Prendre patience.
Prendre garde.
Rendre service.
Rendre comte.

CHAPITRE II.

De la Concordance des Noms.

L A Concordance des Noms François consiste à sa‑
voir le genre des noms, quand il faut mettre les
Adjectifs devant, ou après les substantifs, & en quel cas
il faut mettre les noms.

DU GENRE.

Des Noms substantifs.

L É S Noms François sont, ou masculins, ou fé‑
minins, comme: *le feu, la chaleur: le ver‑*
re, la bouteille.
   Chacun sait que tous les noms des mâles sont mas‑
culins, & que les noms des femelles sont feminins,
comme: *Pierre, Paul, Alexandre, Pape, Empe‑*
reur, Roi, Prince, &c. Marie, Catherine, Im‑
peratrice, Reine, princesse.
   Autres exemples pour le genre des animaux, des

o seaux, des poissons, & des reptiles : *Le cheval,
le bœuf, le chien, le canard, le brochet, la vive,
la sole, le serpent, le crapaut ; la cavalle, la
vache, la chienne, la canne.*

☞ Remarquez, que la plûpart des animaux, des oiseaux, des poissons, des reptiles, & des incestes, n'ont qu'un même nom, & qu'un même genre, pour le mâle, & pour la femelle, comme : *un elephant, un chameau, un lapin, un aigle, une hirondelle, un moineau, une allouete, une truitte, une écreviffe, un brochet, un harang, un serpent, une souris, une mouche, une chenille.*

☞ Pour distinguer les poissons mâles, d'avec les femelles, on dit laité pour le masculin, & œuvée pour le feminin, comme *une carpe laitée, une carpe œuvée ; un harang laité, un harang œuvé, &c.*

☞ Pour distinguer les oiseaux on dit c'est un mâle, c'est une femelle, & de même des autres animaux, qui n'ont qu'un genre pour les deux especes.

☞ Il y a des noms de femelles, qui ont du rapport à ceux des mâles, & il y en a, qui n'en ont point.

Il y a du rapport entre, Lion, & Lionne ; tigre, & tigresse, entre tourtereau, & tourterelle ; canard, & canne ; chat, & chate Mais il n'y en a point avec étalon, qui est le mâle d'une cavale ; la femelle d'un taureau, est une vache ; d'un cochon, une truie ; d'un liévre, une haze ; d'un singe, une guenon ; d'un cerf, une biche ; d'un mouton, ou d'un belier, une brebis ; d'un bouc, une chevre.

Les noms des arbres, & des arbrisseaux sont ordinairement du masculin, comme *le chêne, le pommier, le hêtre, le buisson, le laurier, le palmier* ; exceptez *une ronce, une haïe, la vigne.*

Le palmier a son feminin, la palme, qui est aussi une branche du palmier.

Les noms de Province, & Roïaume, sont feminins

quand ils font terminés en e, comme : *La Champa-gne, la Provence, la France, l'Espagne.*

Ceux qui ne font point terminés en e, font mafcu-lins, comme, *le Poitou, l'Anjou, le Portugal, le Danemarc.*

On obferve la même regle pour les noms de ville, comme *Paris eft bien peuplé; Lion eft ancien; la docte Athenes, Rome la fainte, Naples la jolie, Florence la belle, Gennes la fuperbe, Padouë la fa-vante, Bologne la graffe, Venife la riche, l'ancien-ne Ravenne.*

Si l'on dit, Rome eft grand, Verfailles eft char-mant, Marfeille eft divertiffant, Cologne eft Alemand, la Rochelle eft françois, c'eft que l'on foufentend dans ces frafes, le circuit, le féjour, le lieu, le territoir, comme, *le circuit de Rome eft grand; le fejour, ou le lieu de Verfailles eft charmant. &c.*

Les noms adjectifs, & les infinitifs mis fubftantive-ment font mafculins, comme, *le haut, le bas, le large, le jaune, le rouge, il en perd le boire, & le manger.*

Pour ne pas groffir ce chapitre, je ne mettrai ici que des regles generales, pour foulager la memoire des Etrangers, & comme le genre des noms finis en *e*, eft le plus embaraffant, j'en parlerai aprés la terminaifon des autres.

Les noms qui finiffent par A, B, C, D, F, G, I, L, M, O, P, Q, R, S, T, V, X, Z, font maf-culins, comme, *le falbala, le fofa; le plomb; le bec, le choc; le bord, le nœud; le bœuf, l'œuf; le rang, le fang; l'abri, l'ennui; le bal, le deüil; le parfum, le pronom; le coco, un zero; le loup, le champ; e coq; le danger, l'acier; le mépris, le paradis; le fa-lut, le fort, le manteau, un fétu, un trou; le prix; le nez; le dez.*

☞ Il en faut excepter les fuivans, qui font feminins, favoir des noms terminés en F, *la clef*, ou *la clé, la nef, la foif.*

En I , *la foi, la fourmi, la loi.*

En M , *la faim.*

En R , *la chair, la cour, la mer, la tour.*

En S , *une fois, la vis, la souris, la fourmis.*

En T , *la dent, la hart, la mort, la nuit, la part.*

En V , *l'eau, la peau, la vertu, la tribu.*

En X, *la chaux, la croix, la paix, la poix, la noix.*

Le genre des noms finis en N , qui n'est pas compris ci-dessus, sera facile à connoître par ce qui suit.

Les noms en *ton*, qui dérivent du latin en *io* sont feminins, comme *action, provision, religion, raison,* &c. *maison, prison, guerison, toison* sont aussi feminins.

Les autres noms qui finissent en *ain*, en *ien*, en *in* en *on*, & en *ont*, sont masculins, comme : *le pain, le train, le frein, le maintien, le vin, le bassin, le bastion, le buisson, le poison, le poisson, le tison, le pont, le front, le mont*; exceptez *la main, la fin.*

Les noms eu *eur* qui derivent du latin en *or*,& en *do* sont feminins, comme, *ardor*, l'ardeur : *albedo*, la blancheur, & de même des suivans, la douleur, la fureur, la fleur, la hauteur, la largeur, la longueur, la paleur, la senteur, la tumeur, la valeur.

Les suivans sont masculins , le bonheur, le cœur , le chœur, le labeur, le malheur, & tous ceux qui conviennent à l'homme, comme *le Confesseur*, *le tuteur*, &c.

DU GENRE.

Des Noms feminins en E.

LES noms terminés en *té* avec un accent, qui dérivent du latin en *tas*, sont feminins, comme, *casti-*

tas, la chasteté ; *veritas*, la verité , & tous les autres de même.

Les noms qui finissent par deux *ée* font feminins,
comme : *la fusée , l'épée , la gelée.*

Les noms en *é* accentué qui ne dérivent pas du latin
en *tas* , font masculins , comme : *le clergé , le congé ,
le côté , l'été , le pré , le procedé.*

ABLE. Les noms en *able* font feminins, *l'étable, la fa-
ble , la table* , exceptez *le chable , le rable d'un
liévre , le sable.*

ACE. Les noms en *ace* font feminins, comme: *la face , la grace , la beface , la menace.*

ACLE masculin: *le miracle , l'obstacle , l'oracle.*

AGE masculin, *l'âge, l'avantage , le bagage , le bo-
cage , le carnage , le langage , le mariage , le ménage , le page , le pucelage , le voïage* ; exceptés *la cage , l'image , la nage , la page d'un livre , la rage.*

ANCE & ENCE femin. *la constance , la prudence ,
la diligence . &c.*

ANGE femin. *la louange , la vendange , &c.* exceptez *un lange d'un enfant en maillot , & le mélange.*

ALE, ELLE, ILE, OLE, ULE, fem. *la male , la ga-
le , la canelle , la chandelle , la paille , la taille , la
bile , la roüille , la citroüille , la gondole , une dario-
le , une obole , la pilule , la virgule* ; les suivans font
masculins: *le scandale , le concile , l'azile , l'Evan-
gile , le stile , le simbole , le scrupule , le vestibule.*

ARGE & ORGE, fem. *la charge , la gorge , l'orge.*

EGE, IGE, ERGE, INGE, ONGE, UGE font maf-
culins, comme, *le colege , le piege, le prodige , le cierge, le
linge , le songe , le refuge.*

AME feminin, *l'ame, la flame , la lame , la palme,
la rame* , exceptés *le blâme*

EME masculin, *le carême , le diadême , le sistême* ,
exceptez *la creme de lait , la breme poisson.*

IME fem. comme *la dixme, l'estime, la lime, la rime.*

Masculin, comme *abime , crime , énigme.*

OME mafcul *atome, dome, fantóme, tome.*

VME mafcul. *le rume, le volume, le baume, le chau-me*; feminin, comme *l'amertume, la coutume, l'é-cume, l'enclume, la plume, la paume.*

ANE mafc. *le crane.* fem. *la bafane, panne, la manne.*

ENE mafc. *l'ébene, le pene de la ferrure.*

INE femin. *medecine, mine, ruine.*

ONE mafc. *le prone, le trone.*

ONNE fem. *la couronne, la perfonne, la tonne.*

VNE fem. *la prune, la brune, la rancune.*

APE fem. *la cape, la nappe, la fappe, la rape.*

ASE fem. *la bafe, la frafe.*

ESE fem. *la parantefe; la thefe,* exceptez *le diocéfe.*

ISE fem. *l'Eglife, la fottife, la braife, la fraife, la toife.*

OSE fem. *la glofe, la rofe; le carroffe* eft mafc.

VSE & *ourfe,* fem. *la rufe, la courfe, la bourfe.*

TIE' fem. *l'amitié, la pitié.*

VRE fem. *l'avanture, la creature, la pofture;* excep-tez *le murmure, l'augure.*

Des Noms équivoques.

IL y a des Noms équivoques qui font mafculins & feminins, felon qu'ils fignifient des chofes differen-tes, comme

Un barbe, *equus punicus.*

La barbe, *barba.*

Le coche, *currus.*

La coche, *fus.*

Un enfeigne, *fignifer.*

Une enfeigne, *vexillum, fignum.*

Un exemple, *exemplum imitandum.*

une exemple, *exemplum fcripturarii.*

Lo greffe , *regiſtrum.*
La greffe , *ſurculus.*
Le livre , *liber.*
La livre , *libra.*
Le manche, *manubrium.*
La manche , *manica*
Le memoire , *memoriale.*
La memoire , *memoria.*
Le moule, *protoplaſma.*
Une moule , *phuca piſcis.*
Le page , *puer honorarius.*
La page , *pagina.*
Le poile , ou poële , *umbula.*
La poile , ou poële , *ſartago.*
Le poſte , *ſtatio militis.*
La poſte , courir la poſte.
Le temple , *templum.*
La temple , *tempus in capite.*
Un ſatire , *ſatirus.*
Une ſatire , *ſatira.*

Quels ſont les Adjectifs que l'on met devant ou aprés les ſubſtantifs.

PErſonne n'ignore que les adjectifs doivent être de même genre, & de même nombre que leurs ſubſtantifs : mais les Etrangers ne ſavent quels ſont les adjectifs, qu'il faut mettre devant, ou aprés les ſubſtantifs. C'eſt pourtant ce qui eſt tres-neceſſaire pour bien parler françois , & ſur quoi les Grammairiens n'ont donné que des remarques ſi confuſes , qu'elles embaraſſent la memoire plutôt que de la ſoulager. Pour m'éloigner de leurs obſcurités , j'ai reduit ce traité à huit regles autant faciles , que generales

1. Tous les participes mis adjectivement doivent être mis aprés les substantifs, comme *un baton rompu*, *une épée cassée*, *du bois tortu*, *une ville assiegée*; *du vin gâté*, *une fenêtre ouverte*, & tous les autres de même sans exceptions.

2. Tous les noms adjectifs de couleur, comme *blanc rouge*, *jaune*, &c. & tous les noms de qualité élementaire, comme *chaud*, *froid*, *sec*, *humide*, *pluvieux*, *obscure*, *claire*, *serein*, *orageux*, &c. doivent être mis aprés les substantifs, comme, *du papier blanc*, *une chemise blanche*, *des bas rouges*, *une juppe verte*, *du pain bis*, *noir*, *blanc*, &c. *une pluie chaude*, *un temps froid*, *du bois sec*, *un nuage obscur*, & tous les aut.es de même sans exception.

3. Les noms adjectifs qui marquent la mesure, se mettent aussi aprés les substantifs, comme, *un habit long*, *un manteau court*, *un puis profond*, *une maison étroite*, *la ville haute*, *la ville basse*, *le pais bas*. Cette regle n'est pas si generale que les deux precedentes, puisque l'on dit, *une longue allée*, *à la longue paume*, *une basse fosse*, *un haut rocher*.

☞ 4. Les noms adjectifs de louange, de blâme, & de bonne ou mauvaise qualité se mettent presque tous aprés les substantifs, & non pas devant, comme veulent quelques Grammairiens, exemple: *Un homme sage*, *un Iuge équitable*, *une femme vertueuse*, *un Prince affable*, *un air doux*, *une Reine prudente*, *un Roi vertueux*, *une fille savante*, *un homme illustre*, *un écolier ignorant*, *un chapon gras*, *une poule maigre*, *du fil fin*, *du vin vieil*, *un va'et fidel*, *des manieres nobles*, *des traits charmans*, *un homme vicieux*, *querelleux*, *doux*; *un esprit subtil*, *un soldat boiteux*, *un cheval fougueux*, *une vie abominable*, *un enfant chassieux*, *la langue françoise*; *la fierté Ecossoise*, *les ruses Italiennes*, *le bien public*, & quantité d'autres exemples que je pourrai donner pour faire connoître que les Etrangers ont raiſon de dire que nos Grammairiens les ont trompés, puiſqu'il n'y a qu'un tres-petit nombre de noms adjeſtifs que l'on met devant les ſubſtantifs qui ſont les ſuivans.

Les noms adjectifs de louange, de blâme, de bonne, & mauvaiſe qualité que l'on met devant les ſubſtantifs ſont,

Bon, bonne; mauvais, mauvaiſe; méchant, méchante.

Beau, bel, belle; laid, laide.

Cher, chere.

Faux, fauſſe.

Grand, grande; petit, petite.

Jeune, vieil, vieille.

Pauvre, riche.

Vilain, vilaine.

Vrai, veritable.

Exemple, Un bon vin, une bonne perdrix.

Un mauvais temps, une mauvaiſe ſaiſon.

Un méchant coquin, une méchante béte.

Un beau château, un bel homme,

Une belle ville, une bell' humeur.

Un laid matin, une laide figure.

Mon cher frere, ma chere ſœur.

Un faux témoin, une fauſſe attaque.

Un grand chapeau, une grande entrepriſe.

Un petit enfant, une petite ruë.

Un jeune Officier, un vieil radoteux.

Un pauvre païſan, un riche marchand.

Un vilain ladre, une vilaine avaricieuſe.

C'eſt un vrai ſinge.

C'eſt ſon veritable portrait.

☞ Quelquefois on transpoſe ces noms adjectifs aprés les ſubſtantifs, mais c'eſt quand on veut parler en un ſens plus énergique, en ajoutant quelque expreſſion plus ſignificative aprés, comme,

C'eſt un homme bon à rien.

Il a un cheval beau à peindre.

Vn visage laid à faire peur.

Vn marchand riche à milliers.

Vn homme grand comme un geant.

C'est une chose veritable.

☞ Remarquez que les François mettent un adjectif devant les mots *gros*, *grosse*, *petit*, & *petite*, quand ils veulent loüer, & blâmer plus fortement, comme;

C'est un bon gros chapon.

Vne bonne grosse fille.

Vn charmant petit mignon.

Vne agreable petite femme.

Vn méchant petit fripon, &c.

☞ Remarquez aussi que l'on fait des transpositions des noms adjectifs, quand ils ont un sens different, & que l'on dit,

Vn petit bon homme, quand on parle d'un petit homme âgé.

Vn bon petit homme, parlant d'un petit jeune homme.

Vne femme grosse se dit d'une femme enceinte.

Vne grosse femme, pour dire puissante de corps.

Vne sage femme, qui accouche les femmes.

Vne femme sage, qui vit sagement.

Vn galand homme, qui a du merite.

Vn homme galand, qui a des amourettes, qui est agréable auprés des Dames.

Vn puissant homme, qui est gros de corps.

Vn homme puissant, qui a du pouvoir.

On dit aussi *un homme maigre*, & *une maigre chere*.

Vne terre ferme, & *une ferme resolution*.

L'unique moïen, & *un fils unique*.

Vne veritable histoire, *une histoire veritable*.

5 La cinquiéme regle est que les noms ordinaux & numeraux se mettent devant les noms substantifs, comme *Vn miroir*, *deux tables*, *trois chaises. Le premier jour. la seconde fois, le troisieme tome, la quatriéme scéne.*

☞ Remarquez que quand on cite les livres, les tomes, les actes, & les scénes, on met les noms ordinaux aprés les substantifs, sans y mettre aucun article, exemple : saint Augustin dit *Livre premier, tome second, chapitre troisiéme, article quatriéme, section cinquiéme*. Moliere dit dans le Tartuffe, *Acte quatriéme. Scéne cinquiéme*.

☞ Il faut aussi remarquer, que quand on parle des Papes, des Empereurs, des Rois, & des Princes, on met les noms ordinaux *premier & second* aprés les noms propres, comme : *François premier, Jules second*, & pour le reste des nombres, on se sert des noms numeraux, comme : *Henri trois, Henri quatre, Paul cinq. Charles six. Alexandre sept. Vrbain huit. Clement neuf, Innocent dix, Innocent onze, Loüis douze, Loüis treize, Loüis quatorze, &c.* On dit *Charles quint, & Sixte quint*. L'usage a conservé cette denomination à ces deux illustres Souverains.

6. Il y a quelques adjectifs que l'on peut mettre indifferemment, devant ou aprés les substantifs, en voici quelques exemples.

C'est une agreable femme, c'est une femme agreable. Vn infâme coquin, une action infâme. Vn malitieux fripon, un esprit malitieux. Vn fiéfé voleur, un voleur fiéfé, c'est à dire, un ancien, & rusé voleur de profession. Vn insolent cocher, un cocher insolent.

☞ Les François mettent l'article indefini *de* aprés les mots *coquin & fripon*, quand ils parlent, sans specifier particulierement la chose, comme :

C'est un coquin de valet, un fripon de cocher qui l'a battu. C'est une coquine de femme, une friponne de servante, &c.

QUAND IL FAUT DIRE

neuf, nouveau, & précoſſe.

NEuf, & neuve ſe diſent de ce qui ſort de la main d'un ouvrier, comme : *un habit neuf, une jupe neuve, des ſouliers neufs, une maiſon neuve.* On dit auſſi *des chevaux neufs,* quand ils n'ont pas encore ſervis.

Nouveau, & nouvelle ſe diſent de ce que la terre produit, ou de ce qui ſort de l'eſprit, ou de la compoſition de l'homme, comme :

Des fruits nouveaux, du vin nouveau-
Vne chanſon nouvelle, des figues nouvelles.
Vn livre nouveau, un air nouveau.

☞ Si l'on parle des fruits meurs avant le tems, on dit, *des fruits précoſſes, une fraiſe précoſſe.*
On ne dit point *des pois nouveaux,* mais, *de petits pois.*

☞ Souvenez-vous que l'on dit, *un nouveau marié, une nouvelle mariée,* & non pas, *un marié nouveau, une mariée nouvelle.*

EN QUEL CAS ON MET

les Noms.

LEs noms qui marquent la meſure ſe mettent au genitif avec l'article indefini *de,* comme : *Long de trois pieds, large de ſix pieds, de la hauteur d'un homme.*

Les noms de tems se mettent sans articles, comme: *Il y a un an, deux jours, trois semaines, quatre
mois, un siecle.*

Les noms qui marquent le tems, que les Latins expriment par *regnante, vivente, viventibus, tempo-*
, *&c.* s'expriment en françois, *du vivant, du re-
ne, du Pontificat, du tems de Iules Cesar, de Loüis
IV. de Clement IX. du vivant de mon pere,
u durant le Pontificat, le regne de, &c.*

Tous nos Grammairiens, nos observateurs, & re-
chercheurs de remarques, pour bien parler François,
ablissent pour regle generale, *que le nom de l'in-
rument avec lequel on travaille, & l'on frappe,
doit toujours exprimer par* AVEC, comme *frap-
r avec un bâton, avec une épée. Couper avec un
uteau, avec une hache, avec des ciseaux.* Il y a
uelques remarques à faire là-dessus.

Les Etrangers qui se fient sur cette regle, &
r tant d'autres, n'ont-ils pas raison de dire qu'ils
trouvent point d'éclaircissement sur leurs doutes,
pas un auteur qui leur explique, quand il faut
re,

ravailler *du marteau,* ou travailler *au marteau,
de l'éguille.* ou à *l'éguille.*

pourquoi on dit Ioüer *du clavessin, du luth, de
la guitarre, des gobelets,* avec les articles, *du,
de la, des.*

jouer *au volant, à la paume, aux cartes,* avec
les articles *au, à la, aux.*

i pourquoi il faut dire, *fait à la plume, au pinceau, au tour,* & non pas, *avec une plume, avec
un pinceau, avec un tour.*

on plus que quand il faut dire, *de coup de,* ou *à
coup de.* Sur quoi les Maîtres de langues ont ren-
voïé jusques à present à l'usage, faute d'en savoir
eux-mémes les regles que je vais expliquer en peu de
mots par des regles generales sans exceptions.

1. Le nom de l'inftrument, qui marque l'art, l'exercice, la profeffion, & le métier, fe met à l'ablatif avec les articles *du*, *de la*, *de l'*, *des*, comme *joüer du claveffin*, *du luth*, *de l'orgue*, *de la guittarre*, *du tuorbe*, *de la flûte*, *du hautbois*, *des gobelets*. Il *bat du tambour*, *il fonne de la trompette*, *il donne du cors*. Il *travaille du marteau*, *de l'aiguille*. Vous verrez plus bas quand il faut dire, *au marteau*, *à l'aiguille*.

2. Il faut mettre le nom de l'inftrument au datif avec les Articles, *au*, *à la*, *à l'*, *aux*, quand on parle d'un jeu de hazard, ou de paffe-tems, comme *Ioüer au trictrac*, *au billard*, *à la paume*, *à l'ombre*, *aux cartes*, *aux dez*, *au volant*, *à la clignemufette*, *au colin maillard*, *aux échets*, *aux dames au piquet*.

On dit : *Il joüe bien le piquet*, *les cartes*, c'eft à dire, *il fait le piquet*.

3. Si on parle de donner quelque avantage au jeu, on met les articles, *du*, *de la*, *de l*, *des*, exemple. *Il vous joüera du batois*, *du bout du doigt*, *de la pointe du pié*, *du talon*.

4. Quand on doute, fi un ouvrage eft fait par des ouvriers de differentes profeffions, comme : Si un livre eft écrit ou imprimé ; fi un ouvrage eft fait par un menuifier, ou par un tourneur ; par un peintre, ou par un brodeur ; par un fondeur, ou par un orfévre ; on doit dire : *Cet ouvrage eft fait à la plume*, *à la main*, *au tour*, *à l'aiguille*, *au marteau*. Voilà quelle eft la difference qu'il y a entre travailler du marteau, ou au marteau, de l'aiguille, ou à l'aiguille.

☞ Il y a trois petites remarques à faire, pour favoir quand il faut dire, *de coup*, ou *à coup*.

1. Quand devant *COUP*, il y a un nom de nombre, comme un, deux, trois, &c. il faut mettre l'Article indefini *de*, ou *d'*, devant, & aprés le mot *coup* comm

comme: *d'un coup de couteau , de deux coups d'é-*
pée , de trois coups de canon , d: quatre coups de
bâtons. On voit par ces exemples que l'on repete l'article indefini, *de* ou *d'* devant les noms numeraux,
& aprés le mot *coup.*

2. S'il n'y a point de noms numeraux pour marquer le nombre des coups , pour lors il faut mettre *à*
coups de , comme : *il a été tué à coups de bâton ,*
à coups de ciseaux , à coups d'épée , de pistolets ,
de pierres , de fusil , de canons , de marteau.

3. Si le mot *coup* finit la frase , il faut mettre , *de*
coups , comme : *Il a été roüé de coups , il fut ac-*
cablé de coups , on l'a meurtri de coups.

Le nom de la matiere dont une chose est faite , ou
composée se met avec l'article indefini *de ,* ou *d' ,*
comme : *Une maison de pierres de tai'le , couverte*
d'ardoises , de thuiles , de chaume ; un chandelier
d'or , d'argent , de cuivre. Voïez ci-devant les observations sur l'article indefini. fol. 104.

Des Comparatifs, & superlatifs.

LEs François mettent aprés les Comparatifs la
particule *que* , & le nom qui suit au nominatif :
comme : *Plus grands que moi , que toi , que lui ,*
qu'elle , que nous , que vous , qu'elles , que le so-
leil , que la lune , que les étoiles , que le Roi , que
le Prince , &c.

Les Étrangers font une faute en disant , *il y a plus*
qu'une semaine ; plus que deux mois ; plus que trois
ans , plus que quatre jours ; plus que cent perso-
nes.

☞ Il faut dire il y a plus d'une semaine ; plus
de deux mois ; plus de trois ans ; plus de quatre
jours ; parce que aprés *plus ,* quand on parle par affir-

mation, on met *de* à la place de *que*, quand il suit un nom de nombre, comme : *plus de cent ans ; plus d'un fiecle ; plus de vingt mois ; plus de cent perfones.*

☞ Si on parle par negation, il faut mettre *que* devant les noms numeraux, & non pas *de*. Exemple : *Nous n'avons plus que deux heures à attendre. Il n'y a plus que trois jours de ce mois. Il n'y avoit plus que trois pommes dans le panier.*

☞ Si devant *plus* on met *pas*, il faut mettre *de*, & non pas *que*, comme : *Nous n'avons pas plus de trois heures à attendre. Il n'y a pas plus de trois jours. Il n'y a pas plus de trois pommes.*

Si aprés *plus* il n'y a point de nom de nombre, il faut mettre *que*, comme : *Vous en avez plus que moi. Je n'en ai pas plus que vous. Il en aura plus que celui-ci, que celui-la, que le frere, que la fœur,* fuivant la regle ordinaire des comparatifs.

DES SUPERLATIFS.

Les fuperlatifs s'expriment en trois manieres, par *fort, tres,* & *le plus, la plus, les plus.*

Tres exprime plus au fouverain degré que *fort,* comme : *Ce vin eft tres-bon,* ou *fort bon. C'eft un homme tres-favant,* ou *fort favant.*

☞ On fe fert de *le plus, la plus, les plus,* quand on parle au fuperlatif, avec comparaifon, comme : *Saint Pierre de Rome eft la plus belle Eglife du monde. Ciceron eft le plus éloquent des Orateurs.*

☞ Remarquez ces manieres de parler qui expriment avec beaucoup d'énergie :

C'eft l'homme de France le mieux fait.

C'eft la femme de Paris qui danfe le mienx.

C'eft le Maître de France qui enfeigne le mieux.

C'eft la Demoifelle de la Cour la plus charmante.

On dit aufli, *c'eft la Demoifelle la plus charmante de la Cour.*

Des Diminutifs.

La Langue françoise a des diminutifs de quelques noms, comme :

Arbre, *arbrisseau*, qui veut dire, *petit arbre*.
Ane, *ânon, petit âne*.
Brochet, *brocheton*.
Caille, *cailleteau*.
Diable, *diablotin*.
Fou, *folichon*.
Folle, *folette*.
Lapin, *lapreau*.
Lievre, *levrau*.
Pigeon, *pigeonneau*.
Perdrix, *perdreau*, &c.

Les diminutifs des noms propres sont
Anne, *Nanette, Nanon*.
Barbe, *Babiche, Babotte, Babet*.
Catherine, *Catin, Cato*.
Claude, nom d'homme, *Godiche*.
Claude, nom de femme, *Glodine*.
Charles, *Charlot*; au feminin, *Charlotte*.
Elizabeth, *Babet*.
François, & Françoise ; *Fanchon*.
Geneviéve, *Javotte*.
Iean, *Ianot*.
Loüis, & Loüise, *Loüison*.
Marie, *Manon*, & *Marotte*.
Madelaine, *Madelon*.
Pierre, *Pierot*, pour les garçons ; *Perette* pour filles.

CHAPITRE III.

DE LA CONSTRUCTION

des Pronoms perſonels.

Quand on répond à une interrogation, comme quand on demande, *Qui eſt ce ?* on répond : *c'eſt moi ; c'eſt toi ; c'eſt lui ; c'eſt elle ; c'eſt nous; c'eſt vous ; ce ſont eux ; ce ſont elles.*

Si on interroge par le datif, comme : *A qui eſt ce ?* on répond : *à moi ; à toi ; à lui ; à elle ; à nous ; à vous ; à eux ; à elles.*

Si on interroge par *de*, on répond de même : *De qui eſt ce ? c'eſt de moi ; c'eſt de toi ; c'eſt de lui ; c'eſt d'elle*, &c.

Les François pour marquer plus de reſpet, ſe ſervent de la ſeconde perſone du pluriel , quand ils parlent à une ſeule perſone , & pour exprimer, *Scribis ; facis ; quid dicis? quid vis ?* ils diſent : *Vous écrivez ; vous faites ; que dites-vous ? que voulez-vous ?*

Ils ne ſe ſervent de la ſeconde perſone du ſingulier , que quand ils parlent à une perſone inferieure , en la tutaïant par mépris , ou par colere, c'eſt à dire, en lui parlant par *tu*, comme : *tu crois ; penſes tu ? tu iras ; tu n'en auras pas ; tu en en as menti ; tu es un fripon.*

Ou quand on parle par grande familiarité, comme, *mon ami , veus-tu que j'aille avec toi.*

☞ Quand des inferieurs parlent à une perſone diftinguée, on dit à prefent : *Si Monfieur veut fi Madame fouhaitte.* C'eft de la maniere dont on fe fert à la Cour, en parlant aux perfones de qualité, mais non pas en leur écrivant.

Des Pronoms conjonctifs.

J'ai déja dit que l'on met en françois les Pronoms perfonels, ou pour mieux dire les Pronoms conjonctifs aprés les Imperatifs, comme :

Dic mihi, dites-moi.

Oftende te, montre-toi, montrez-vous.

Da illi, donnez-lui.

Dicas nobis, dites-nous.

Ames nos, aimez-nous.

Da illis, donne-leur.

Le Pronom *lui* fert pour le mafculin, & pour le feminin, comme : *Voila votre pere, dites-lui ; quand vous verrez votre mere, vous lui montrerez.*

☞ Si le verbe qui précede le pronom conjonctif latin eft à la troifiéme perfone, comme, *det mihi, dicat tibi, oftendat nobis, amet nos, videat nos, fcribat illi, fcribant illis,* il faut mettre auffi les pronoms conjonctifs devant avec la particule *que, qu'il, qu'elle, qu'ils, qu'elles,* & dire :

Det mihi, qu'il me donne, qu'elle me donne.

Dicat tibi, qu'il *ou* qu'elle te dife.

Oftendat nobis, qu'il *ou* qu'elle nous montre.

Amet nos, qu'il *ou* qu'elle nous aime.

Videant vos, qu'ils *ou* qu'elles vous voient.

Scribat illi, qu'il *ou* qu'elle lui écrive.

Scribant illis, qu'ils, *ou* qu'elles leur écrivent.

Si on parle à l'imperatif par negation, il faut mettre auffi les prononoms conjonctifs *me, se, fcor ur, nous, vous,* devant l'Imperatif, comme :

Non dicas mihi, ne me dites pas.

Non oftendas te, ne te montre pas, *ou* ne vous montrez pas.

Non des illi, ne lui donnez pas.

Non dicas nobis, ne nous dites pas.

Non ames nos, ne nous aimez pas.

Non des illis, ne leur donnez pas.

☞ C'est mal parler de dire, *Vous donnerez à moi*, il dira à toi, il parlera à lui, il envoiera à nous, ils écriront à vous, ils envoieront à lui, il chantera à eux, il donnera à elles,

Il faut dire, *Vous me donnerez*,

Il te dira.

Il lui parlera.

Il lui envoïera.

Ils vous écriront.

Ils lui envoïeront.

Il leur chantera.

Il leur donnera.

☞ Parce que les pronoms conjonctifs se mettent dans tous les tems devant les Verbes, hormi à l'Imperatif, où on les met aprés comme cy-deſſus.

Des Pronoms poſſeſſifs.

Outre ce que j'en ai dit dans le traité des pronoms poſſeſſifs, remarquez que pour exprimer en françois, *ille eſt equs meus, tuus, ſuus, noſter, &c.* il ne faut pas dire, *ce cheval eſt mien, tien, ſien, notre, &c.* mais *ce cheval eſt à moi; à toi; à lui à nous; à vous; à eux; à elles.*

*Les Latins ſuppriment quelquefois les pronoms poſſeſſifs, comme : *Plus diligit filiam quam uxorem* il faut exprimer les pronoms poſſeſſifs en françois, & dire, *il aime plus ſa fille que ſa femme.*

C'eſt mal dit, *j'ai mal à mon cœur, à mon ventre, à ma main, à mes yeux, à ma tête, à mes pieds*, au lieu des pronoms poſſeſſifs, il faut mettre les articles *au à la, aux*, & dire, *j'ai mal au cœur, au ventre, à la main, aux yeux, à la tête, aux pieds*

Des Pronoms demonstratifs.

On se sert de *cela* pour exprimer *hoc* en latin , qui en françois signifie cette chose-là , cette affaire-là , comme , *scio hoc* , je sçais cela , *nolo hoc* , je ne veus point cela. *Accipe hoc* , prenez cela. *Sine hoc* , laissez cela.

Pour marquer un substantif proche on dit *celui-ci* , *celle-ci* , qui font au pluriel , *ceux-ci* , *celles-ci*.

Et quand on parle d'un substantif éloigné , on dit , *celui-là* , *celle-là* , & au pluriel , *ceux-là* , *celles-là*.

QUAND IL FAUT DIRE

c'est , ou *il est*.

☞ Remarquez les manieres de parler suivantes.
Il est temps de vous lever , c'est le tems qne vous vous lever.
Il est heure de souper , c'est l'heure de souper.
Il est trop tard , il est trop-tôt.
C'est trop tard , c'est trop tôt.
C'est un honeste homme.
Il est honeste homme.
C'est aujourd'hui fête.
Ce sont des étrangers.
Il est étranger.
C'est un étranger.

Il faut se servir de *il est* , quand on parle du tems actuellement present , comme ,
Il est tems de vous lever à present.
Il est heure de souper.
Il est tard , il est trop tard.

☞ On met *il est* devant les noms adjectifs qui ne sont pas suivis d'aucuns substantifs , comme ,

Il eſt bon ; il eſt méchant.

Il eſt brave ; il eſt poltron.

☞ Quand on veut ſe ſervir de *c'eſt*, il faut mettre aprés *c'eſt* les articles *le* , *la* , *les* , ou *un*, *une*, comme :

C'eſt le tems que vous vous levez.

C'eſt l'heure de ſouper.

C'eſt un honeſte homme.

C'eſt une belle femme.

On dit au pluriel , *ce ſont* , comme :

Ce ſont d'honêtes gens.

Ce ſont des Princes.

On dit , *il eſt trop-tôt, il eſt trop tard*, quand on parle d'un tems actuellement preſent , comme : *Allons à la Comedie* , on répond, *il eſt trop tôt* , *il eſt trop tard.*

On dit *c'eſt trop tôt, c'eſt trop tard* , quand on ne détermine pas actuellement le tems preſent , comme : *Nous irons au bal aprés la Comedie* ; on répond : *c'eſt trop tôt, c'eſt trop tard* ; ou *ce ſera trop tôt, ce ſera trop tard.*

Quand on interroge par *eſt ce ?* comme : *Quel jour eſt-ce aujourd'hui ? Quelle feſte eſt ce demain ?* on répond : *c'eſt aujourd'hui Dimanche ; c'eſt demain la Fête Dieu.*

Si on interroge par *eſt-il ?* comme : *Quelle heure eſt-il ?* on répond par *il eſt* , comme : *Il eſt ſept heures ; il eſt tard.*

Des Pronoms Interrogatifs.

Les manieres de parler , *Qui eſt ce qui ? Qu'eſt-ce que ?* ſont condannées de tous ceux qui ſe piquent de bien parler françois , & il ne faut pas dire.

Qui eſt-ce qui eſt là ?

Qu'eſt ce que vous voulez ?

Mais ſeulement : *Qui eſt là ?*

Que voulez-vous ?

Qui eſt-ce qui le dit ? mais ſeulement , *Qui le dit ?*

De qui eſt-ce que vous ſavez cela ? mais , *De qui ſavez-vous cela ?*

C'eſt pourquoi ne dites plus :

Qui eſt-ce qui vous a dit ? mais , *Qui vous a dit ?*

A qui eſt ce que vous avez parlé ? mais , *A qui avez-vous parlé ?*

Quand on parle des perſones, on ſe ſert de *qui*, & non pas de *quoi*, comme : *De qui parlez-vous? de qui avez-vous reçû ?*

Les Pronoms interrogatifs *quel*,& *quelle* ne ſe mettent jamais ſans ſubſtantifs , comme ; *Quel homme eſt-ce ? Quelle chambre avez vous ?*

Lequel, *laquelle* ſe mettent toujours ſans ſubſtantifs , & dans une autre fraſe que le ſubſtantif, dont on a parlé, comme : *Donnez-moi un habit, lequel voulez-vous? Apportez moi ma cravatte, laquelle? Donnez-moi du vin, duquel voulez-vous ? On parle de ſa ſœur, de laquelle ?*

Le Pronom interrogatif *Quoi* exprime une fraſe entiere. Exemple : *On dit bien des choſes à Paris*; celui qui entend cette fraſe, répond : *Quoi?* qui a autant de ſignification, que ſi l'on diſoit ; *Quelles ſont les choſes que l'on dit à Paris ?*

Le Pronom *Quoi* ſe rapporte aux choſes dont on parle , & jamais aux perſones , & pour exprimer en françois , *de quo loquntur?* ſi c'eſt de quelque perſone que l'on parle,on dira:*De qui,ou duquel parlent-ils ?* ſi ce n'eſt pas de quelque perſone , il faut dire, *De quoi parlent-ils ?* & de même : *A qui penſez vous? A quoi penſez-vous ?*

Avoir de quoi ſignifie être riche , comme : *Cet homme a de quoi*, c'eſt à dire , qu'il a du bien.

Pour exprimer en françois *nihil ſcio omnino* , on dit : *Ie ne ſais quoi que ce ſoit , ou je ne ſais rien du tout.*

F. ij

Des Pronoms relatifs.

Tous les Pronoms relatifs qui font immediatement aprés les subftantifs, & que l'on exprime par *quem, quam, quod, quos, quas, qua*, fe difent en François par *que*, comme :

Liber quem emi, le livre que j'ai acheté.

Epiftola quam fcribo, La lettre que j'écris.

Tempus quod infumo, le tems que j'emploïe.

Milites quos folvo, les foldats que je païe.

Hiftoria quas lego, les hiftoires que je lis.

Negotia qua feci, les affaires que j'ai faites.

Si ces Pronoms *quem, quam, quod, quos*, &c. étoient aprés des Prepofitions, comme, *fuper quem*, *fuper quam*, &c. il faut dire, *fur qui*, ou *fur lequel*, & de même, *Mercator ad quem fcripfifti*, ce marchand à qui vous avez écrit.

Si on parle des chofes animées, il faut dire, *de qui, à qui*.

Si c'eft des chofes inanimées, il faut dire, *duquel, auquel*.

Dont eft pronom relatif, que l'on met pour exprimer, *cujus, quorum, quarum, de quo, de qua, de quibus*, qui fignifient en François, *duquel, de laquelle, de qui, defquels, defquelles*, le Pronom *dont* eft de tout genre, & de tous les nombres, comme :

Celui, celle, ceux, celles dont vous m'avez écri.

L'homme dont vous me parliez.

Cette femme dont les enfans font malades.

Ces hommes dont vous vous fervez.

Le, la, les, font des Pronoms relatifs, quand ils fe prennent en latin par *illum, illam, illud, illos, illas, illa*, ou *eum, eam, eos, eas, ea*, comme :

Video illum, ou *eum*, je le vois.

Videfne illam ? la voïez-vous ?

Teneo illum , illam , illud , illos , illas , illa , je l^c
tiens , je la tiens , je les tiens , &c

Les Etrangers en suivant l'ordre du Latin font une
faute de ne pas exprimer les Pronoms relatifs *le , la ,
les ,* & quand on leur demande ,

An scis hoc ? savez-vous cela ?
Visne hoc ? voulez-vous cela ?
An fecisti tuum thema ? avez-vous fait votre thême ?
Legisti-ne Epistolas tuas ? avez-vous lû vos lettres ?

Ils répondent, *je sais, je veus, je fais, j'ai lû.*
Il faut dire , *je le sais , je le veux , je l'ai fait , je
les ai lûës.*

☞ Souvenez - vous que *le , la , les ,* sont des articles , quand ils sont devant des noms , comme
le feu, la chambre , l'esprit , le jardin : quand ils
sont devant des verbes , ce sont des Pronoms relatifs; comme : *Le connoissez-vous ? je le connois. Voulez-vous la chandelle? oüi je la veus. Cherchez-vous
vos amis? non je ne les cherche pas.*

Il ne faut pas dire , *c'est le pont sur quoi j'ai passé.*
C'est la barque dans quoi je suis entré.
Voila la barque dans quoi j'ai passé la mer.
Comme l'enseignent quelques maîtres de langue, mais
il faut dire :
C'est le pont sur lequel j'ai passé.
C'est la barque dans laquelle je suis entré.
Voila la barque dans laquelle j'ai passé la mer.

Parce que le pronom *quoi* est plus interrogatif que
relatif; & que le Pronom *quoi* n'est emploié que pour
marquer une chose douteuse,& incertaine , & non pas
pour assûrer une chose certaine.
En , & *y* , sont aussi des particules relatives, qu'il faut
bien comprendre , pour s'en servir en tems, & lieu.
En est une particule relative fort usitée en François ,
& que les Etrangers n'expriment point , faute d'y faire reflexion ; cette particule *en* sert pour exprimer *il-
lius , illorum , illarum , de illo , de illa ; de illis.*

On se sert de *en* pour exprimer la persone, & la chose à laquelle elle se rapporte, pour éviter la repetition, comme :

Que dit-on du Roi ? du Prince ? de votre frere ? de votre sœur ? pour ne pas dire, *on espere bien du Roi, du Prince, de votre frere, de votre sœur.* On dit avec la particule *en,*

On en espere bien.

On en est content.

On en parle beaucoup.

Si on parloit par negation, il faudroit dire,

On n'en espere pas bien.

On n'en est pas trop content.

On n'en parle pas.

Ces exemples sont pour les persones, & les suivantes pour les choses, comme :

Parlons de vos tableaux, de son carosse, de sa maison, de ses procés.

Nous en parlerons : parlons en : j'en suis content : j'en ai de la joïe : je vous en remercie : je vous en suis obligé.

On se sert aussi de *en,* pour marquer une partie de la chose, comme :

Avez-vous du tabac ? de l'argent ? du pain ? du vin ?

Voulez-vous des pommes ? de la viande ? du poisson ?

On répond : J'en ai. Je n'en ai point. J'en aurai. J'en attens.

J'en veux, je n'en veux point.

Je vous en donnerai. Donnez-m'en.

Pretez-nous en. Nous n'en avons point.

Je m'en souviens. Souvenez-vous en.

Vous en souviendrez-vous ? Il faut vous en souvenir.

On se sert aussi de la particule *en* pour exprimer le lieu, afin d'éviter de le repeter deux fois, comme

Venez-vous de Paris ? pour ne pas répondre, *je viens de Paris,* on dit, *j'en viens. J'en sors. J'en suis. Je n'en viens pas. J'en partis hier. Nous en sommes partis ce matin.*

La lettre *y* eſt auſſi une particule rélative , qui ſe rapporte au tems , au lieu , & à la choſe , comme :
Il y a prés d'un an. Il y a quinze jours.
Il y eut hier deux mois.
Il y aura ſix ans à Pâques.

Ces fraſes ſont pour le tems , & les ſuivantes pour le lieu.
Y a-t-il quelqu'un au logis.
Il n'y a perſone. Monſieur y eſt. Madame n'y eſt
pas. I'y vais. N'y allez pas. Venez-y. Retournons y.
Ie n'y demeure pas. Ils y demeurent. Nous y re-
ſterons.

La particule *y* eſt relative à la choſe, comme : *Vous*
y penſerez. Penſez-y bien. Mettez-y de l'eau. Il y en
a. N'y en mettez pas. Faites-y reflexion. Ne vous y
oppoſez pas.

On met *il y a* devant le ſingulier, & le pluriel, comme : *Il y a un homme. Il y a deux filles. Il y a du*
vin. Il y a des bouteilles.

Des Pronoms, impropres ou indefinis.

Vous avez vû que les Pronoms impropres , ou indefinis ſont , *aucun, autre, autrui, chacun , chaque, certain, même , nul , nulle , pas un , perſone , plu-ſieurs , quelque , quelqu'un , quiconque , qui que ce ſoit , tel , tout.* Les exemples en donneront une plus grande intelligence.

Aucun, & aucune ſont toujours negatifs , comme : *il n'y a aucun ſujet , aucune raiſon* , on ne ſe ſert point d'*aucuns* ny d'*aucunes,* pour le pluriel, mais de *quelqu'uns, & quelqu'unes,* pour l'affirmatif, comme : *I'en connois quelqu'uns , quelqu'unes.*

Il ne faut pas dire , *aucuns me diſent,* mais *quel-qu'uns* ou *quelques perſones me diſent.*

Autre eſt maſulin, & feminin , comme :
Une autre fois. L'autre jour. L'autre nuit.

A d'autres signifie que l'on ne veut pas être la dupe de ce que l'on dit, & a autant de signification, que si l'on disoit, *Vous ne me ferez pas croire cela. Vous le pouvez dire à d'autres persones, mais non pas à moi.*

Autrui. Il ne faut pas retenir le bien d'autrui, ni parler d'autrui mal à propos.

Chacun est l'*unusquisque* des Latins, comme: *Chacun a ses foiblesses : chacun pour soi : chacun le sçait.*

Ie vous donnerai chacun dix sous.

Chacun a son petit fait à part.

Chaque jour, chaque mois signifient *tous les jours, tous les mois.* On ne met *chaque* qu'avec les noms singuliers, on ne doit pas le mettre au pluriel qu'avec des noms, qui n'ont point de singulier, comme : *Chaque mouchettes, chaque ciseaux.*

Certain devant un substantif est un pronom indefini, & se dit en latin *quidam, quadam,* comme : *Vn certain homme m'écrit.*

Vne certaine femme m'a dit.

Certain aprés le nom substantif n'est plus Pronom indefini, mais un nom adjectif, qui signifie en latin, *certus, certa, certum,* comme : *C'est un fait certain, c'est une chose certaine.*

Il y a de certaines persones à Paris.

Même est de tout genre, il fait au pluriel *mêmes,* on l'exprime en latin par *ipse, ipsa, ipsum,* &c. comme : *Le Roi même, la Reine même.*

C'est le même, la même, ce sont les mêmes.

Même étant avec un Verbe, est une conjonction, qui n'a point de genre, ni de pluriel, on le dit en latin, *etiam, quin etiam, quin imo,* comme : *Il me pria même, Rogavit me etiam.*

Ils me dirent même, quin imo mihi dixerunt.

Il y a trois petites observations à faire sur le

pronom impropre, ou indefini *même*.

1. Quand on exprime en latin le pronom *même*, par *idem*, il est toujours précedé en françois d'un article defini, comme :

Le même,   *la même*,   *les mêmes*,
Du même,   *de la même*,   *des mêmes*,
Au même,   *à la même*,   *aux mêmes*.

& on met le substantif aprés, comme: *Le même vin, la même persone, les mêmes habits.*

2. *Méme*, quand il signifie *ipse*, *ipsa*, *ipsum*, doit être mis aprés les substantifs, comme : *Le Pape même, le Roi même, la Reine même, le feu même, la mer méme.* On dit aussi : *C'est le même Roi*, &c.

3. *Même*, quand il signifie *etiam*, se met toujours aprés les Verbes, & on l'exprime souvent par *aussi*, comme : *Il dit même, il dit aussi. Il écrit même, il écrit aussi.*

Nul, *nulle*, ne sont plus en usage dans la Langue Françoise, & on ne se sert plus de *nul*, & *nulle*, que quand on parle d'écrire en chiffre, & quand on fait quelque argument, comme :

Tel chiffre sera nul.
Les nulles seront les trois & les deux.
Votre consequence est nulle.

Pas un, *pas une*, servent pour nier absolument, & se rapportent aux persones, & aux choses, comme :

Ie n'en connois pas un, je n'en aime pas une.
Ie n'en ai pas un, je n'en gagnerai pas une.

Persone signifie *nemo* en latin, on ne s'en sert en François que pour le singulier, comme :

Ie ne connois persone à Paris.
Il n'y a persone au logis, je n'ai vû persone.

On met quelquefois au lieu de *persone*, *homme qui vive*, *ame qui vive*, comme :
Vous n'y verrez homme qui vive, ame qui vive.
Persone est quelquefois un nom substantif, comme :

C'eſt une perſone fort obligeante,
Ce ſont des perſones fort honêtes.

Pluſieurs eſt toujours du pluriel, pour le maſculin, & le feminin, on le dit en latin, *multi & multa*, comme :
Pluſieurs le diſent, *multi dicunt hoc.*
Pluſieurs le croïent, *multa credunt hoc.*

Quelque fait au pluriel *quelques*, comme :
Quelque tems, quelque livre, quelques lettres.
Quelque choſe ſe met ſouvent avec le maſculin, comme :
Ie vous donnerai quelque choſe de bon.
Il m'a montré quelque choſe de beau.

Quelque ſignifie *environ*, comme :
Nous étions quelque dix hommes.
Ils étoient quelque cent hommes.

Quelque ſignifie le *quantumvis* des Latins, comme :
Quantumvis ſit dives, quelque riche qu'il ſoit.

Il ſignifie auſſi *qualemcumque*, comme :
Qualemcumque vultum faciat, non eſt contentus.
Quelque mine qu'il faſſe, il n'eſt pas content.

Quelqu'un, *quelqu'une* font au pluriel *quelques-uns, quelques-unes*, comme :
Y a t-il quelqu'un au logis ?
Pretez-moi quelques-uns de vos Livres.
Envoyez-moi quelqu'unes de vos lettres.

Quiconque ne ſe met qu'au ſingulier, il ſe dit en latin *quicumque*, comme :
Quiconque le dira ſera trompé, & non pas, *il ſera trompé*, parce qu'on ne met point *il* ni *elle* dans la fraſe où eſt *quiconque*.

Qui que ce ſoit eſt auſſi un Pronom indefini, comme : *Ne connoiſſez-vous perſone à Paris*, on répond : *Ie n'y connois qui que ce ſoit*, ou *je n'y connois pas une ame*.

Tel, telle, tels, telles, ſe mettent avec les ſubſtantifs, comme : *Un tel homme, une telle femme. Ce ſont telles perſones.*

Tel quel, signifie *mediocre*, *passable*, comme :
C'est du vin tel quel, c'est une maison telle quelle.
Tel est quelquefois un nom substantif, comme :
Tel rit le matin, qui pleure le soir.
*Tel se couche en bonne santé, qui la nuit se trouve
bien malade.*

Tout, *tous*, *toute*, *toutes*, servent pour marquer
une totalité, comme ; *Tout le monde , toute la terre ,
tous les hommes , toutes les femmes.*

Tout signifie *quilibet* comme *quilibet homo , qua-
bet mulier*, tout homme , toute femme.

Tout signifie *licet*, comme : *Licet fis dives , licet
fis pauper , licet fis omnipotens , licet fit infirmus ,*
tout riche que vous êtes , tout pauvre que vous êtes,
tout puissant que vous êtes , tout malade qu'il est, ou
quoi qu'il soit riche , pauvre , puissant , malade , &c.

CHAPITRE IV.

De la construction des Verbes.

ON met devant les Verbes un pronom personel,
ou un nom pour marquer la premiere , la seconde , ou la troisiéme persone des Verbes , comme :
*Ie chante , tu chantes , il chante. Le Roi veut. Les
arbres fleurissent.*

On ne met point de nominatif devant les premieres,
& secondes persones de l'imperatif, mais seulement
devant les troisiémes persones, comme : *Vas , qu'il
aille. Allons, allez , qu'ils aillent.*

Quand on parle par interrogation , on met les pronoms personels aprés les Verbes , comme : *Dirai-je ?*

Dit-elle ? dirons-nous? où vont-ils ? viendrez-vous?
avec une petite barre qui joint le verbe avec le pronom.

La conſtruction françoiſe eſt facile, on n'y fait point
de tranſpoſition comme dans les autres Langues. On
commence par l'article, aprés quoi on met le nom,
le verbe enſuite, aprés le verbe l'adverbe, & le regime du verbe aprés le verbe, & le genitif aprés l'accuſatif, comme :

Le Roi recompenſe genereuſement les
Officiers de l'armée

On voit dans cet exemple l'article, le nom, le
verbe, l'adverbe, le regime du verbe à l'accuſatif,
& le genitif : & ſi l'on diſoit

Le Roi recompenſe genereuſement des
Officiers de l'armée,

On ne parleroit que de quelques Officiers, & en
diſant les Officiers, on entend tous les Officiers.

C'eſt ce qui fait conoître quand il faut mettre a-
prés les verbes, *le*, *la*, *les*, ou *du*, *de la*, *des*.

☞ Si aprés les verbes on peut mettre *quelques*, ou
un peu de, c'eſt une marque infaillible qu'il faut mettre les articles *du*, *de la*, *des*, comme : *Donnez-*
moi du pain, *de la viande*, *des Livres*, *des chan-*
deles. c'eſt-à-dire, *un peu de pain*, *un peu de vian-*
de ; *quelques Livres*, *quelques chandeles*.

Si on parle d'une totalité, ou en general, il faut
mettre les articles *le*, *la*, *les*, comme : *Donnez-moi*
le pain, *la viande*, *les livres*, *les chandeles.*

Aprés les verbes actifs on met l'accuſatif, comme :
Loüer la vertu, *blâmer le vice*, *chanter une chan-*
ſon, *aimer le beau ſexe.*

Aprés les verbes latins qui regiſſent le datif, on met

auſſi le datif en françois, comme : *Donner l'aumône aux pauvres ; écrire des lettres à ſes amis ; commander aux ſoldats.*

☞ Aprés les verbes étudier, favoriſer, flatter, rencontrer, ſecourir, ſervir, qui en latin veulent le datif aprés eux, on y met en françois l'accuſatif, comme : *Etudier la Filoſofie, favoriſer ſes amis, flater les belles, rencontrer une perſone, ſecourir les pauvres, ſervir ſon maître.*

Il n'y a point de difficulté pour le datif, il s'exprime par les articles *à, au, à la, aux.*

L'ablatif ſe met aprés les verbes paſſifs, comme : *Il eſt eſtimé du Roi, du Prince, de ſa famille, des gens de lettres.*

On met auſſi l'ablatif, c'eſt-à-dire les mêmes articles qu'au genitif, aprés les verbes *recevoir, obtenir, partir, éloigner,* comme : *I'ai reçû du Prince, j'ai obtenu du Roi, je ſuit parti de France, il eſt éloigné du château.*

Aprés les verbes *joüir, profiter & agir,* on met les articles *du, de la, des,* comme : *Joüir d'une parfaite ſanté ; profiter du temps, agir de bonne foi.*

Aprés les verbes *accuſer, abſoudre, blâmer, convaincre, délivrer, éloigner, eſtimer, excuſer, louer, priver, recompenſer, ſe ſouvenir, ſoupçonner* il faut mettre le nom de la choſe avec les articles *du, de la, des, de,* comme : *Accuſer de pareſſe de vol, de negligence. Ie vous blâme du mauvais conſeil, que vous lui avez donné. Il eſt atteint & convaincu de crime de leze-Majeſté. Il ſera abſous de tous ſes crimes.. Il eſt délivré d'un grand fardeau. Ie vous excuſe de la faute que vous avez faite, &c.*

☞ Il ne faut point dire, *I'aurai l'honneur pour vous remercier. Ie vous remercie pour ; je vous ſuis obligé pour ; je vous rends graces pour.* Mais *j'aurai l'honneur de vous remercier ; je vous remercie de ; je vous ſuis obligé de ; je vous rends grace de.*

parce que, ce que les Allemans expriment par *Vor*, les François l'expriment par *de*.

☞ Il ne faut pas dire en françois, *parler avec Monsieur, vous parlerez avec lui*, mais *parler à Monsieur, vous parlerez à lui* ; parce que aprés les tems du verbe *parler*, on met les articles du datif, *à*, *au*, *à la*, *aux*, & non pas *avec*, comme font les Allemans, & les Italiens.

Ne dites pas, *je ne sçaurois parler un mot* ; mais, *je ne sçaurois dire un mot*.

☞ Le verbe *approcher*, quand il est reciproque, regit le genitif, comme : *Ie m'approche de vous, approchez-vous du feu, de la table, du Prince, de nous, de moi, de lui, d'elle.*

☞ Quand le verbe *approcher* est actif, on met l'accusatif aprés, comme : *Approchez la table, les chaises.*

DE L'USAGE

des tems des Verbes.

JE me flate que Messieurs les Etrangers liront avec plaisir ce petit Traité de l'*Usage des Tems*, qui leur enseignera le veritable secret de ne pas se servir des uns pour les autres.

Du Present.

L'usage du Present est commun dans toutes les Langues, comme : *Je parle ; nous écrivons ; elles sont fort jolies.*

☞ Il n'y a qu'une seule remarque à faire, qui est, que les François se servent du Present, où les autres

Nations mettent le Futur dans les expreſſions &
manieres de parler ſuivantes ; comme : *Quænam dies
erit craſtinâ die ? erit die Dominica* es Fɪançois
diſent : *Quel jour eſt ce demain ? c'eſt demain Dimanche.*

Du Paſſé Imparfait.

Tous les Paſſés imparfaits des Verbes Latins ſont
auſſi les imparfaits des Verbes François , comme :
*erat homo doctiſſimus qui humanioribus litteris de-
lectabatur , jucundè cantabat , eleganter ſaltabat,
loquebatur multis linguis , vivebat contentus quo-
cumque ibat.* C'étoit un homme fort ſavant , qui
aimoit les belles Lettres , chantoit agreablement ,
danſoit joliment, parloit pluſieurs langues , & vivoit
fort content par tout où il aloit Tous les Verbes
de l'exemple ci deſſus ſont à l'Imparfait & en latin ,
& en fɪançois

Aprés la conjonction *ſi*, on ne met pas l'Imparfait
du Subjonctif, comme font les Latins & les Italiens ;
mais l'Imparfait de l'Indicatif, comme : *Si ſcirem ,
ſi poſſem , ſi haberes, ſi velles*, &c. que les Italiens
expriment par, *s'io ſapeſſi : ſe poteſſi , ſe haveſſe ,
ſe voleſte.* Il faut dire en François : *Si je ſavois , ſi
je pouvois, ſi vous aviez, ſi vous vouliez.*

On ſe ſert de l'Imparfait pour exprimer une action imparfaitement paſſée , comme : *Je chantois
pendant qu'il danſoit ; j'étudiois , & il écrivoit ;
nous courions , & ils ſe ſauvoient* On parle dans
ces fraſes d'un tems qui duroit encore, & par conſe-
quent qui n'étoit pas paſſé entierement, mais imparfaitement , & dont l'action ſe faiſoit en nôtre preſence , comme l'on peut voir dans les exemples ſuivans : *J'étois à Rome quand on fit le Pape ; je vis
hier une Damoiſelle qui danſoit fort bien ; ma ſœur
avoit quinze ans quand elle ſe fit Religieuſe.* Dans

ces exemples on parle des actions passées qui du-
roient encore.

On met aussi le Passé imparfait quand on fait le
recit de ce que l'on faisoit ordinairement, comme :
*Quand j'étois à Paris j'allois souvent à la Come-
die, j'aprenois à danser, je joüois du luth ; je lisois
de beaux livres ; j'avois un bon Maitre de Langue ;
j'étudiois en Theologie ; je dinois souvent chez mes
amis, où nous beuvions de tres-bon vin.*

Du Passé simple, ou défini.

Il faut se servir du Passé simple, ou défini, que
l'on appelle aussi Passé historique, quand on fait le
recit, ou que l'on parle d'une action parfaitement
passée, & que l'on determine le tems, comme : *hier,
avant-hier, la semaine passée, le mois passé, l'année
passée, le siecle passé, il y a quinze jours,* &c. Exemple : *Le Roi fut l'année passée en campagne, il prit
plusieur villes, il conquit des Provinces, il défit les
ennemis, qui se défendirent vigoureusement ; il rem-
porta la victoire, il mit la terreur chez tous ses voisins, & leur fit enfin accepter la paix de la maniere
qu'il voulut.*

☞ On se sert aussi du Passé défini, quand on parle
d'une action passée depuis long-tems, quoique l'on
n'en marque pas le tems, comme : *Noë bâtit l'arche ;
Herodes fit mourir les innocens ; Alexandre conquit
la meilleure partie de la terre.*

On met ordinairement le Passé défini aprés les
conjonctions, *aussi tôt que, d'abord que, dés que,*
comme : *Aussi-tôt qu'il arriva ; d'abord que je l'en-
tendis ; dés que je le vis.*

Du Passé parfait, ou composé.

Quand on parle d'un tems passé dont quelque par-

dure encore, il faut se servir du Passé parfait, comme : *Ce siecle a produit d'étranges evenemens ; nous avons eu cette année une heureuse recolte ; il y a plus de quinze jours que je n'ai été à l'Opera.*

Quand on ne specifie pas le tems, il faut se servir du Passé parfait. L'explication des deux exemples suivans abregera les difficultez des Etrangers.

Il y a quinze jours que je ne vous ai vû.

Je ne vous y vis pas, il y a quinze jours.

Dans le premier exemple, *je ne vous ai vû*, est du Passé parfait, parce que l'on parle de quinze jours dont le dernier n'est pas encore passé, & comme si on disoit : *Il y a aujourd'hui quinze jours que je vous ai vû.*

Dans le second exemple, *je ne vous y vis pas*, est du passé défini, parce que l'on voit bien que l'on a specifié le tems dans une frase precedente, & que l'on determine ces quinze jours qui n'ont aucune relation à un tems qui dure encore.

Quand on parle par negation, & par affirmation, sans determiner le tems, c'est du Passé parfait dont se faut servir, comme : *Non vidi animam viventem in Templo*, je n'ai pas vû une ame dans l'Elise.

Non mihi dedit quod mihi promisit, il ne m'a pas donné ce qu'il m'a promis.

Rex fecit Equites, le Roi a fait des Chevaliers.

Aprés les adverbes, *jamais*, & *quelquefois*, mettez le Passé parfait, comme : *Nunquam hoc dixi*, je n'ai jamais dit cela.

Aliquando vici, aliquando etiam perdidi, j'ai gagné quelquefois, j'ai perdu aussi quelquefois.

Du Plusque-parfait.

Le Plusque-parfait marque non-seulement une action parfaitement passée ; mais il fait aussi connoître que cette action étoit finie, auparavant qu'une autre dont on parle ait été commencée, comme : *J'avois écri quand vous êtes entré ; nous avions soupé quand vous commençâtes à chanter.*

☞ Remarquez que les Verbes reciproques, ou reflexifs se conjuguent tous aux Passés composés, par les tems du Verbe ETRE, comme : *Je me suis aimé ; je m'étois imaginé ; je me suis repenti ; il se sera engagé :* & de même de tous les Verbes.

Du Futur.

Il n'y a rien de particulier sur le Futur, que ce que j'ai fait remarquer dans l'usage du Present.

Aprés la particule conditionelle *si*, il faut mettre le Present où les autres Langues mettent le Futur, en parlant d'un tems avenir, comme : *Ibo ad te si habuero tempus,* j'irai chez vous, si j'ai le tems & non pas, si j'aurai le tems.

DE L'USAGE

de l'Imperatif.

PErsone n'ignore que l'Imperatif exprime les actions des Verbes par commandement, ou par defense, comme : *Donne, qu'il donne.*
Donnons, donnez, qu'ils donnent.
Ne donne pas, qu'il ne donne pas, &c.

☞ Remarquez premierement, que l'on ne met point de pronom personel, à la premiere, ni à la seconde persone de l'Imperatif, mais seulement à troisiéme, comme : *Fais, qu'il fasse, qu'elle fasse, faisons, faites, qu'ils fassent, qu'elles fassent.*

☞ I

☞ II Quand on parle par commandement, il faut mettre les pronoms perſonels, *moi*, *toi*, *lui*, *nous*, *vous*, *leur*, aprés les Imperatifs, tant aprés les verbes qui regiſſent le datif, quaprés ceux qui gouvernent l'accuſatif, comme : *Dites-moi, caches-toi, parlez-lui, retirons-nous, taiſez-vous, dites-leur.*

☞ III. Si on parle par défence, il faut mettre les pronoms conjonctifs, *me*, *te*, *ſe*, *lui*, *nous*, *vous*, *leur*, devant les verbes, entre la negation, & le verbe, comme : *Né me dites pas ; ne te vantes pas ; ne lui dis rien.*

Ne nous montrons pas.

Ne vous flatez pas tant.

Ne leur écrivez point du tout.

☞ IV. Il faut obſerver la même regle pour les pronoms relatifs *le*, *la*, *les*, qu'il faut mettre aprés les verbes en parlant par commandement, comme : *J'ai vû votre cheval, vendez-lemoi.*

Où eſt votre chaiſe, montrez-nous la.

Vous avez nos livres, renvoïez-nous les.

☞ V. Si on parle par défence, il faut mettre les pronoms *le*, *la*, *les*, devant l'Imperatif, comme : *Ne me le donnez pas.*

Ne me la renvoïez pas.

Ne nous les montrez pas.

☞ VI. On ſuprime ſouvent les pronoms relatifs *le*, *la*, *les*, quand ils ſont devant *lui*, ou *leur* à l'Imperatif, comme : *Ne lui donnez pas, ne leur pretez pas*, pour *ne le lui pretez pas, ne la leur donnez pas.*

On obſerve la même regle en parlant par l'affirmative, comme par la negative. Exemple, au lieu de dire, *Donnez-le lui, donnez-la lui, donnez les lui*, on dit ſimplement, *donnez-lui, donnez-leur.*

VII. Il ne faut pas dire comme font pluſieurs Etrangers : *Qu'il donne à moi, qu'il donne à toi, qu'elle montre à lui, qu'ils diſent à nous, qu'elle*

G

païent à lui ; mais, qu'il me donne, qu'il te donne, qu'elle lui remontre, qu'ils nous disent, qu'elles lui païent.

DE L'USAGE

du Conjonctif.

IL y a sept remarques à faire, pour savoir quand il faut mettre les Verbes à l'Indicatif, ou au Conjonctif.

I.

Il faut mettre le Conjonctif aprés les Conjonctions suivantes, *Afin que. A condition que. Avant que. Auparavant que. Bien que. En cas que. De crainte que. De peur que. Devant que. Jusques à ce que. Pourvû que. Quoi que. Sans que, soit que,* &c.

II.

Aprés la Conjonction *que* on met les Verbes qui montrent, ou qui parlent par affirmation d'une chose qui existe actuellement, à l'Indicatif, comme : *J'aperçois, j'asseure, j'avouë, je considere, je gage, je soutiens, je connois, il declare, je crois, je sais que je suis, que nous sommes, que vous parlez, qu'il écrit, qu'ils parlent, qu'elles dansent.*

III.

Si on parle par negation, il faut mettre le Conjonctif aprés les Verbes ci-dessus, comme : *Ie n'aperçois pas, je n'asseure pas, je n'avouë pas, nous ne croïons pas, vous ne savez pas, que je sois, que nous soïons, que vous parliez, qu'ils écrivent. &c.* &

de même quand on parle par doute, comme : *je ne doute pas, je ne foupçonne pas, qu'il ne faſſe, que vous ne diſiez*, &c.

IV.

Aprés les Verbes qui marquent volonté, deſir, commandement, fouhait, défence, & empêchement, on met le Conjonctif aprés la conjonction *que*, comme : *Ie veux, je deſire, j'ordonne*, &c. *qu'il faſſe, qu'il vienne*, &c.

V.

Quand on met *Que*, pour ne pas repeter deux fois la conjonction *Si*, on met le Conjonctif, comme : *Si j'y ſuis, & qu'il y vienne*, pour *ſi j'y ſuis, & s'il y vient,*

VI.

On met le ſecond imparfait du Conjonctif qui finit à la premiere perſone en *rois*, quand on parle par fouhait ; & aprés la particule, *Quand*, comme : *I'irois volontiers à Rome, j'aimerois mieux mourir ; quand je ſerois ; Quand je voudrois; Quand vous ſeriez ; Quand vous voudriez ; Quand vous ne voudriez pas.*

VII.

Le Conjonctif *que*, que les Latins expriment par *ut* ou par *ne* aprés les Verbes *prier, commander, défendre & exhorter*, comme : *Te rogo ut venias. Præcipio illi ut dicat Prohibeo illi ne ingrediatur. Hortor amicum ut mittat ad me*, s'exprime par la particule D E, particulierement quand l'on nomme les perſones, & quand l'on cite les pronoms perſonels : comme : *Ie vous prie de venir ; je lui commande de dire ; je lui défens d'entrer; j'exhorte mon ami de m'envoïer.* Autres exemples. *Il m'a prié de retour-*

ner. Le Roi nous a commandé de partir. La Loi nous deffend de mal-faire. Le Prince nous exhorte de prendre patience.

☞ Remarquez qu'aprés la conjonction *Si* on ne met point le Conjonctif, mais toujours l'indicatif, comme : *Si dixeris hoc*, si vous dites cela. *Quaris an exierim*, vous demandez si je suis sorti. *Si velles*, si vous vouliez. *Si scirem hoc*, si je savois cela. *Nescio utrum, vel an possim hoc scribere*, je ne sais si je puis écrire cela.

A l'égard du plusque parfait, on peut dire pour exprimer *si potuissem*, si j'avois pû, ou si j'eusse pû, c'est en ce seul tems que l'on met le Conjonctif aprés *Si*.

Quand en Latin, & en Italien on met le futur aprés la conjonction *Si*, comme : *Si dicas hoc*, ou en Italien, *Se direte questo*, il faut se servir de l'Indicatif en françois, & dire, *si vous dites cela*; ce seroit mal parler de dire, *si vous direz cela*.

Aprés les Verbes de doute, & d'asseurance, on dit en françois *Que si, que oüi, que non* : comme : *Ie gage que si, je gage que non. Ie crois que oüi, je crois que non. Ie pense que oüi, je pense que non. Il dit que oüi, il dit que non,*

☞ Quand on parle par negation, il faut mettre la particule *ne* entre le nominatif, & le verbe, & aprés le verbe on met *pas* ou *point*, comme : *Non credis*, vous ne croïez pas, ou vous ne croïez point.

☞ *Point* a plus de force pour nier que *pas*.

Si on parle dans un tems composé, on met *pas* & *point* entre le verbe auxiliaire, & le participe, comme : *Non putavi*, je n'ai point pensé. *Non dixeram illi*, je ne lui avois pas dit.

Il ne faut point exprimer *pas* ni *point*, quand aprés la particule negative *ne*, il y a dans la même frase quelque autre particule negative, comme : *Ni, rien, jamais, persone, aucun, gueres,* & on dit, *Il n'*

ni ſou ni maille. Il n'a ni poudre ni plomb. Je ne
veux rien. Vous ne ſaurez jamais. Ie ne connois perſone à Paris. Le Courier n'a apporté aucune nouvelle. Vous n'avez gueres d'amis.

Pour traduire en francois les fraſes latines, où il
y a un accuſatif entre deux verbes dont le dernier eſt
à l'infinitif, comme : *Credis me eſſe divitem. Spero
meum fratrem venturum. Scribit amicum meum obiiſ-
ſe.* Il faut ſe ſervir du pronom relatif *Que* avec l'indicatif, & dire, *Vous croiez que je ſuis riche. I'eſpere que mon frere viendra. Il écrit que mon ami
eſt mort.*

Aprés le verbe *neſcio* on exprime *an* ou *utrum* par
ſi avec l'Indicatif, comme : *Neſcio an* ou *utrum ſit
dives aut pauper*, je ne ſais s'il eſt pauvre , ou
riche.

J'ai marqué ci-deſſus quelques conjonctions qui
finiſſent en *Que*, aprés leſquelles on met le conjonctif, mais les Étrangers les confondent avec d'autres,
qu'ils ſe ſouviennent qu'il faut mettre l'indicatif aprés
les conjonctions ſuivantes. *Attendu que, de maniere que, de ſorte que, parceque, ſi bien que, tel-
lement que, veu que*, comme :
*Attendu que c'eſt un honnête homme.
De la maniere que vous dites.
De ſorte qu'il écrit ſouvent à ſes amis.
Parce qu'il le veut ainſi. &c.*

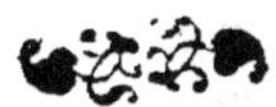

DE L'USAGE
de l'Infinitif.

Et quand il faut mettre A, DE, ou POUR devant les Infinitifs.

L'Infinitif eſt general dans toutes les Langues, & il n'y a point d'autres difficultés, que de ſavoi quand il faut mettre A, DE, ou POUR devant le Infinitifs.

Quand il faut mettre A.

Aprés le verbe imperſonel *c'eſt, c'étoit. ce fut, c ſera,* &c. on met A devant l'Infinitif : v. g. *C'eſt u cheval à vendre ; c'étoit à moi à parler. & à vou à vous taire,* &c.

On met auſſi A devant les Infinitifs, quand le tems du verbe ETRE ſont ſuivis des noms adjectif *bon, propre, habile, prompt, diligent, pareſſeux premier, ſecond,* & tous les autres noms ordinaux v. g.
Il eſt bon à nier cela ; prompt à tout faire ; habile dire la Meſſe ; le premier à chanter ; le dernier ſe taire.

☞ On met A devant l'Infinitif avec le verbe *avoi* dans les fraſes ſuivantes :
J'ai un mot à vous dire.
Qu'avez-vous à faire de dire cela ?
Nous avons des lettres à écrire.
Il a une fille à marier, un procés prêt à juger.
☞ On met auſſi A devant les Infinitifs, aprés l

verbe imperfonel *il y a*, *il y avoit*, *il y eut*, *il y aura* ; particulierement quand il eſt ſuivi de quelqu'un des mots ſuivans , *plaiſir*, *peine*, *contentement*, *beaucoup*, *peu*, *rien*, & autres adverbes de quantité , comme :

Il y a du plaiſir à voir cela.

Il y avoit de la peine à être païé.

Il y aura du contentement à rire , à boire, à manger.

Il y a beaucoup à craindre , peu de choſes à faire, rien à pretendre, encore moins à eſperer, ni à profiter.

☞ Aprés les verbes ſuivans on met la particule A, devant les Infinitifs , *S'accoutumer, aider, amuſer, s'apliquer, deſtiner, diſpoſer, exciter, ſe plaire, prendre plaiſir, prendre peine, à dire, à écrire, à donner, à étudier, à chanter, à travailler.*

☞ Quand le verbe eſt en latin au ſupin en *u*, comme *facile dictu*, c'eſt une regle generale de mettre A devant l'Infinitif, comme : *Facile à dire, à voir*, &c.

Quand il faut mettre DE.

☞ Les Gerondifs Latins en *di*, s'expriment en François par DE , avec l'Infinitif, comme : *Non habeo tempus eundi , dicendi, legendi, videndi*: Je n'ai pas le tems d'aller , de dire , de lire , de voir.

☞ Aprés les verbes *conſeiller, commander, défendre , dire , empêcher, exhorter, prier, promettre, refuſer, ſouhaiter,* il faut mettre DE devant les Infinitifs , comme : *Tibi ſuadeo, præcipio, author tibi ſum , te rogo, exhortor, ut venias, ut dicas, ut eas, ut facias :* Je vous conſeille, je vous commande , je vous prie, je vous exhorte, de venir , de dire, d'aller, de faire.

Tibi prohibeo ne facias hoc, je vous défends de faire cela.

Suadeo ut proficiſcatur, je lui conſeille de partir.

Dixi illi ut emeret, legeret, videret; je lui ai dit d'a-
cheter, de lire, de voir.

☞ Faites reflexion sur les frases suivantes, où l'on voit DE, & A, devant les mêmes verbes à l'Infinitif.

Il est difficile de dire cela.
Cela est difficile à dire.
Il est bon de boire du vin vieux.
Le vin vieux est bon à boire.
L'hiver est fâcheux à passer ici.
Il est fâcheux de passer ici l'hiver.

Il est aisé de voir par ces exemples, que quand le
substantif, ou la chose dont on parle est à l'accusatif, on met DE devant l'Infinitif, comme : *Il est dif-*
ficile de dire cela. Ce mot *cela* est à l'accusatif : *Dif-*
ficile est dicere hoc.

Cela est difficile à dire, *hoc est difficile dictu.*
Dans cette frase *cela* est au Nominatif, & de même
des autres frases.

Quand il faut mettre POUR devant les Infinitifs.

La preposition *ad* devant les Gerondifs en *dum*
s'exprime en françois par *pour,* comme : *Ad eun-*
dum, ad dicendum, ad rogandum ; pour aller, pour
dire, pour prier.

☞ Aprés les verbes de mouvement il ne faut point
exprimer en françois *ad,* qui est devant les Gerondifs en *dum,* & les supins, comme :

Misi servum meum ad emendum, ad dicendum ; j'ai
envoïé mon valet acheter, dire, &c.

Eo visum amicum, je vais voir un ami.

Que Messieurs les Italiens se souviennent de la re-

gle qui eſt aprés le verbe *aller*, & qu'ils ne diſent
pas : *Allons à entendre la Meſſe ; venez à dîner chez
moi ; envoïez à demander quelle heure il eſt* ; mais :
*Allons entendre la Meſſe ; venez dîner chez moi ;
envoïez demander*, &c. parce que les François ne
mettent point A aprés les verbes de mouvement, devant les Infinitifs, comme font les Italiens.

CHAPITRE V.

De la Concordance des Participes, & des Gerondifs.

IL y a des Participes actifs, & des Participes paſſifs.
Les Participes actifs ſont precedés de quelques
tems du verbe *avoir*, comme : *j'ai aimé, j'avois
crû, donné, écri, dormi, parlé*, &c. Les mots *aimé,
crû, donné, écri, dormi, parlé*, ſont des Participes
actifs.

Les Participes paſſifs ſont precedés des tems du
verbe *être*, comme : *Je ſuis aimé ; elle étoit eſtimée ;
elle ſera punie ; ils ſeront loüés*.
☞ Ne ſuivez point le ſentiment de ceux, qui veulent que l'on faſſe toûjours accorder les Participes
avec leurs ſubſtantifs, toutes les fois que le pronom
relatif *que*, qui eſt devant les tems du verbe *avoir*,
eſt à l'accuſatif. La plûpart des Etrangers y man-
quent, & les François mêmes y ſont ſouvent trompés, faute d'en ſavoir l'uſage, que j'expliquerai
intelligiblement, & en peu de mots.

Des Participes indeclinables.

Je commence par les Participes actifs indeclinables, qui sont toûjours du masculin, & jamais du
feminin; toûjours au singulier, & jamais au pluriel.

1. Les Participes actifs des verbes neutres sont toûjours du gente masculin au singulier, & jamais du
feminin, ni au pluriel, comme :

Les nuits que la Reine a dormi, & non pas *dormies*.

La semaine que la terre avoit tremblé, & non pas
tremblée, parce que *dormir* & *trembler* sont des
verbes neutres.

2. Les Participes actifs sont aussi indeclinables,
quand ils sont devant un Infinitif, comme :

La ville que la Republique a fait raser, & non pas
faite.

La chanson que vous avez entendu chanter, & non
pas *entenduë*.

Ma sœur s'est fait couper les cheveux, & non pas
faite.

Les lettres que nous avons veu écrire, & non pas
veuës.

La bouteille que j'ai envoïé chercher, & non pas *en-
voïée*.

C'est une courante que j'ai apris à danser, & non
pas *aprise*.

3. Le Participe est indeclinable, & ne change point
au Passé parfait, ni au Plusque parfait, toutes les
fois qu'il n'y a point l'un des pronoms relatifs *que,
le*, *la*, ou *les* dans la frase, & devant les tems du
verbe *avoir*, comme :

J'ai aimé, mes sœurs ont chanté.

La Reine avoit donné la liberté aux prisonniers.

Les Princesses avoient envoïé leurs lettres.

Les Participes *aimé, donné, envoïé*, des exemples
ci-dessus, sont indeclinables, parce que dans ces fra-

ſes il n'y a point les pronoms relatifs *que* , *le* , *la* , *les*. S'ils y étoient , il faudroit faire accorder les Participes , comme vous verrez plus bas.

☞ N'aprouvez pas ceux qui ſe reglent ſur l'Italien, & citent les Lettres du *Cardinal Bentivoglio* ; comme ſi les Regles Italienes pouvoient ſervir d'exemple pour apprendre le François. Ces perſones qui veulent ſe conformer ſur le ſtile Italien , ne font point de reflexion , qu'il y a une certaine délicateſſe dans la Langue Italiene , que l'on blâmeroit avec juſtice en ceux qui traduiroient mot pour mot les fraſes Italienes en François. Un exemple du Cardinal Bentivoglio ſervira pour tous les autres.

On lit dans ſes Lettres : *Finalmente hò gettate l'ancore* ; & dans un autre endroit : *Hò ricevuta la ſua lettera*. Ne paſſeroit-on pas pour ridicule , ſi en faiſant accorder les Participes , on diſoit en François : *Enfin j'ai jettées les ancres , j'ai reçuë votre lettre* ? Ce qui fait voir que chaque Langue a ſes regles particulieres.

Il y en a d'autres qui laiſſent à la liberté de dire : *Elle s'eſt crevé les yeux* , ou , *elle s'eſt crevée les yeux* : & de même de pluſieurs autres fraſes , où ils ſe trompent , faute de connoître eux-mêmes la difference qu'il y a entre un Participe qui eſt verbe , & un Participe qui eſt nom adjectif.

4 Un Participe eſt verbe , quand il regit un accuſatif aprés lui. Un Participe eſt adjectif , quand il ne regit point d'accuſatif aprés lui.

Quand un Participe eſt verbe il eſt indeclinable ; ainſi il faut dire :

C'eſt une fille qui s'eſt bleſſé la jambe , & qui s'eſt crevé les yeux , & s'eſt rompu le bras , & la cuiſſe.
La Cour du Parlement nous a jugé dignes de pardon.
La Reine a vû nos filles , & les a trouvé belles.
Voila une fille que j'ai vû bien petite.
Vous avez vû ma lettre , l'auriez-vous crû ſi longue ?

G vj

Elle s'est fait brave. Elle s'est fait Duchesse.

Les Participes, *blessé, crevé, rompu, jugé, trouvé, vû, crû, fait,* sont indeclinables dans ces frases ; parce que ce sont des Participes verbes qui regissent un accusatif.

S'il n'y a point d'accusatif aprés le Participe, il est declinable, comme :

C'est une fille qui s'est blessée.

Une vessie qui s'est crevée.

Une corde qui s'est rompuë, &c.

Elle s'est blessée à la jambe.

Parce que *à la jambe* est au datif, on fait accorder le Participe.

5. ☞ Remarquez que l'on dit :

Elle s'est blessée elle-même.

Elle s'est tuée elle-même.

Elles se sont battuës elles-mêmes.

Ils se sont trompés eux-mêmes.

Parce que l'on doit faire accorder les Participes en genre & en nombre, quand on fait reflechir l'action sur les pronoms personels, ou sur les persones dont on parle, quand les tems du verbe *être* sont dans la frase.

Ma sœur s'est condamnée elle-même.

Mon frere s'est blessé lui-même.

6. ☞ Les François mettent quelquefois aprés le Participe le Nominatif, qui devroit être devant, pour lors le Participe est indeclinable, comme :

La lettre que m'a écrit vôtre mere. & non pas, *écrite.*

La grace que m'a fait Sa Majesté, & non pas, *faite.*

La peine que nous a causé votre absence, & non pas, *causée.*

Les fruits que nous a produit la terre, & non pas, *produits.*

La joie que m'a témoigné vôtre sœur, & non pas, *témoignée.*

La douleur que vous avoit donné cette nouvelle, & non pas, *donnée.*

Si le nominatif étoit devant, il faudroit faire accorder les Participes, & dire :

La lettre que votre mere m'a écrite.

La grace que Sa Majesté m'a faite.

La peine que votre absence m'a causée.

Les fruits que la terre nous a produits, &c.

☞ Le Participe du verbe ETRE, qui est, ETE',
est indeclinable, & on ne doit jamais le mettre au
feminin, ni au pluriel, mais toûjours au singulier,
comme :

Votre sœur a été bien sage.

Vos sœurs ont été tres satisfaites.

7. Les Participes qui sont aprés le pronom relatif
qui, sont indeclinables, comme :

C'est nous qui avons fait cela, & non pas, *faits,*
ni *faites,*

La Damoiselle qui a donné cette bague, & non pas,
donnée

Celles qui nous ont écrit ces lettres, & non pas,
écrites.

Parce que dans les exemples de ci-dessus, les Participes, *fait*, *donné*, *écri*, qui sont aprés le pronom
relatif *qui*, sont des Participes actifs, & par conse-
quent indeclinables.

Des Participes declinables.

1. Les Participes sont declinables, & il faut les
faire accorder en genre, & en nombre avec les substantifs, qui sont devant *que*, quand il s'exprime en
latin à l'accusatif par *quem*, *quam*, *quod*, *quos*,
quas, *qua*, comme :

Liber quem scripsisti, le livre que vous avez écri.

Epistola quam legisti, la lettre que vous avez lûë.

Templum quod ædificavisti, le temple que vous avez
bâti.

Libri quos scripsisti, les livres que vous avez écris,

Epistolæ quas legisti , les lettres que vous avez lûës.

Templa quæ ædificavisti , les Temples que vous avez bâtis.

2. ☞ Remarquez qu'aprés les pronoms relatifs *le* , *la* , *les* , & les pronoms conjonctifs *me* , *te* , *se* , *nous* , *vous*, le Participe est declinable , quand il est nom adjectif ; & qu'il est indeclinable quand il est verbe. L'exemple vous le fera connoître ; & il y a de la difference entre ,

Scripsi illas , je les ai écri.

Et , *habeo illas scriptas* , je les ai écrites.

C'est pourquoi avec les pronoms conjonctifs *me* , *te* , *nous* , *vous*, suivant la regle des Participes actifs , il faut dire :

Vous m'avez cherché , & non pas , *cherchés* ; ni *cherchées*.

Nous vous avons trouvé , & non pas, *trouvée* , *trouvés* , ni *trouvées*.

Ma sœur t'a cherché des amis. Dans cette frase le Participe est actif , de même que dans la suivante.

Mes sœurs vous ont cherché des étofes.

3. Les Participes passifs qui sont precedés des tems du verbe ETRE , sont declinables , comme :

Je suis obligé , *je suis obligée*.

DES GERONDIFS.

Avant de parler des Gerondifs , il est bon d'avertir les Etrangers , & les François mêmes , que c'est mal à propos que ceux qui les enseignent les embarassent du mot de supin , puis qu'il n'y en a point dans la Langue Françoise , mais seulement des Participes , comme , *eu* , *été* , *aimé* , *loüé* , *sorti* , *reçû* , *rendu* , &c.

Il y a des Gerondifs , comme , *aïant* , *étant* , *aimant* , *loüant* , *sortant* , *recevant* , *rendant* , &c.

☞ 1. Les supins latins s'expriment tous en françois par l'Infinitif , comme :

Facile dictu, aifé, *ou* facile à dire.
Eamus vifum, allons voir.
Eo ambulatum, je vais promener.

J'ai mis ces deux exemples, *eamus vifum*, &c]
pour vous faire fouvenir qu'il ne faut pas dire, *allons à voir*, &c.

☞ 2. Les Gerondifs latins en *do*, comme, *amando,*
legendo, *videndo*, *eundo*, *audiendo*, finiffent tous
en françois par *ant*, comme, *aimant, lifant, voïant,*
allant, *entendant*; ou, *en aimant*, *en lifant*, *en*
voïant, &c.

☞ 3. Ceux qui en latin finiffent en *ans*, & en
ens, que l'on appelle auffi Participes, fe terminent
en françois en *ant*, comme :

Amans, aimant; *cantans*, chantant; *ridens*, riant.
Dicens, *legens*, *audiens*, difant, lifant, écoutant,
ou entendant.

4. Les Gerondifs latins en *di* s'expriment en françois par *de*, avec l'infinitif, comme :

Eft tempus amandi, *eundi*, c'eft le tems d'aimer,
d'aller, *ou* il eft tems, &c.
Eft modus dicendi, c'eft une maniere de dire.

5. J'ai dit ci-devant, que les Gerondifs en *dum*
fe rendent en françois par *pour*, avec l'infinitif,
comme :

Ad eundum, *ad petendum*, pour aller, pour demander.

☞ 6. Ce que les Latins expriment par *cum*, avec
le Plufque-parfait du Conjonctif, *cùm dixiffem*,
cùm exiviffem, &c. les François le tournent par les
Gerondifs *aïant* ou *étant*, & le verbe qui fuit au
Participe. Exemple :

Cùm dixiffem hoc, aïant dit cela.
Cùm exiviffet ex urbe, étant forti de la ville.
Cùm experientia mihi feciffet cognofcere, l'experience
m'aïant fait connoître.
Hæc lingua cùm non mihi effet aliena, cette lan-

gue ne m'étant pas inconnuë.

Cùm essem Parisiis, se dit en françois, *quand j'é-*
tois, ou *lorsque j'étois à Paris.*

☞ 7. Les Gerondifs des verbes auxiliaires *aïant &*
étant, sont indeclinables, & jamais on ne doit les
mettre au feminin, ni au pluriel.

Le Roy aïant congedié ses troupes.

La Reine aïant envoïé ses lettres.

Les armées aïant été separées.

La Princesse étant persuadée.

Les ruës étant remplies de monde.

☞ Ceux qui font accorder les Gerondifs avec leurs
substantifs ; alleguent des exemples mal à propos, &
disent : Ne dit-on pas en bon françois ?

C'est une femme charmante.

Elle est divertissante.

Ces argumens sont concluans.

Vos raisons sont convainquantes.

Il est vrai que ces frases sont de tres-bon françois :
mais il n'est pas moins vrai, que les mots, *char-*
mante, changeante, concluans & convainquantes,
sont des noms adjectifs , & non pas des Gerondifs ,
parce que les Gerondifs se peuvent exprimer avec la
particule *en*, comme, *disant, en disant ; charmant ,*
& en charmant ; concluant, & en concluant, &c.
Mais dans les frases de ci-dessus on ne peut pas dire : *Elle est d'une humeur en charmant ; elle est en*
divertissant , &c.

☞ 8. On dit en françois, *des yeux brillans, des*
yeux pleurans, des jouës riantes, parce que, *brillans,*
pleurans, riantes, sont, comme j'ai dit ci-dessus, des
noms adjectifs. On dit : *Je les ai vû joüant & dan-*
sant, & non pas, *joüantes, dansantes, &c.* Ceux qui
parlent bien disent : *Je les ai vû qui rioient, qui*
dansoient ; ou, quand elles rioient, quand elles dan-
soient : & de même quand il y a un équivoque
dans la frase, comme si l'on dit : *Je l'ai vû joüant ,*

euvant, riant. On ne fait, & on ne peut diftinguer fi joüant, beuvant, riant, fe rapportent à la
perfone qui parle, ou à celle de qui on parle.

C'eft pourquoi il ne faut pas dire, *je les ai trouvé
mangeans, beuvans, aïans bon apetit, étans encore
à tab'e*, comme difent quelqu'uns de nos Auteurs,
dont on peut admirer le beau ftile, les penfées re-
cevées & les doctes écrits, fans fe former une regle
fur quelques mots, qu'ils ont mis fans y prendre garde ; & il eft bon de fe fouvenir du Proverbe :

Tu vivendo bonos, fcribendo fequare peritos.

Pour cette raifon il faut dire : *Je les ai trouvé qui
mangeoient & beuvoient, aïant bon apetit, étant
encore à table.*

☞ Il refte encore une regle, qui eft de favoir quand
il faut mettre *aïant*, ou *étant* devant les Participes.
Les frafes fuivantes vous en feront voir la diffe-
rence.
Le Roi aïant aperceu, *cùm Rex animadvertiffet.*
Le Roi s'étant aperceu, *cùm Rex animadvertiffet.*

Il faut fe fervir d'*aïant* avec les verbes actifs, &
de *étant*, avec les verbes reflexifs, ou reciproques,
qui fe conjuguent avec les pronoms conjonctifs *me,
te, fe, nous, vous fe*, & qui ont toujours le pronom *fe* devant l'infinitif, comme, *fe repentir, s'é-
tant repenti ; fe fouvenir, s'étant fouvenu.*

CHAPITRE VI.

DE LA CONJUGAISON
du verbe imperfonel AVOIR.

LEs troifiémes perfones du verbe *fum*, qui font , *eft, funt, erat, erant, fuit, fuerunt*, &c. s'expriment quelquefois en françois par ,

Il y a , il y en a.

Il y avoit , il y en avoit.

Il y eut , il y en eut , &c.

Et quelquefois on les exprime par *il y eft, il y étoit , il y fut*, &c. ce qui n'embaraffe pas peu ceux qui aprennent le François.

☞ Ils n'y trouveront plus de difficultés , s'ils remarquent que le verbe imperfonel *AVOIR* , fert pour exprimer le tems , & le lieu.

Quand il marque le tems, on l'exprime par *il y a , il y avoit , il y eut , il y aura* , comme :

Il y a un an. Il y a deux jours.

Il y avoit long tems. Il y eut hier un mois.

Quand il marque le lieu, on l'exprime quelquefois par *il y a* , quelquefois par *il y eft* , &c. ce que j'expliquerai aprés la conjugaifon des verbes imperfonel *AVOIR* , & *ETRE*.

INDICATIF.

Prefent.

Il y a.	Il n'y a pas , *ou* point.
Il y en a.	Il n'y en a point.
Y a-t-il ?	N'y a-t-il pas ?

Y en a-t-il ?   N'y en a-t-il pas ?

Imparfait.

Il y avoit.   Il n'y avoit pas.
Il y en avoit.   Il n'y en avoit pas.
Y avoit-il ?   N'y avoit il pas ?
Y en avoit-il ?   N'y en avoit-il pas ?

Passé-défini.

Il y eut.   Il n'y eut pas.
Il y en eut.   Il n'y en eut pas ?
Y eut-il ?   N'y eut-il pas ?
Y en eut-il ?   N'y en eut-il pas ?

Passé parfait.

Il y a eu.   Il n'y a pas eu.
Il y en a eu.   Il n'y en a pas eu.
Y a-t-il eu ?   N'y a-t-il pas eu ?
Y en a-t-il eu ?   N'y en a-t-il pas eu ?

Plusque-parfait,

Il y avoit eu, &c.   Il n'y avoit pas eu,

Futur.

Il y aura , &c.   Il n'y aura pas.

IMPERATIF.

Qu'il y ait.   Qu'il n'y ait pas.
Qu'il y en ait,   Qu'il n'y en ait pas.

CONJONCTIF.

Present.

Qu'il y ait.   Qu'il n'y ait pas.
Qu'il y en ait.   Qu'il n'y en ait pas.

Imparfait.

Qu'il y eût, &c.   Qu'il n'y eût pas.
Qu'il y en eût.   Qu'il n'y en eût pas.
   Etiamsi sint, vel *essent centum homines* ; dites en françois : *Y ait-il*, ou *y eût-il cent persones*.

Tems incertain.

Il y auroit, &c.   Il n'y auroit pas.

Passé parfait.

Qu'il y ait eu.   Qu'il n'y ait pas eu.
Qu'il y en ait eu.   Qu'il n'y en ait pas eu.
On ne parle point par interrogation en ce tems.

Plusque-parfait.

Qu'il y eût eu.   Qu'il n'y eût pas eu.
Qu'il y en eût eu.   Qu'il n'y en eût pas eu.
ou il y auroit eu.   Il n'y auroit pas eu.
Il y en auroit eu.   Il n'y en auroit pas eu.

On dit aussi au Plusque-parfait du Conjonctif :

S'il y avoit eu, &c.   S'il n'y avoit pas eu.
S'il y eût eu, &c.   S'il n'y eût pas eu.

Futur.

Quand j'y aurai eu.   Je n'y aurai pas eu.

INFINITIF.

Avoir. Y avoir Y en avoir.
Y aïant. Y en aïant.

☞ Remarquez que la particule *y* ne rend pas ce verbe impersonel quand il est suivi d'un Participe ; mais qu'on le conjugue alors par toutes les persones, comme :

J'y ai écri.
Tu y as écri.
Il y a écri, &c.

S'il n'y a point de Participe, il est impersonel, & n'a que la troisiéme persone du singulier, comme :
Il y a un enfant.
Il y a des enfans.
Il y avoit beaucoup de persones.

CONJUGAISON
du verbe impersonel ETRE.

LA particule *y* ne rend pas le verbe ETRE impersonel, puis qu'on le conjugue avec cette particule par tous les tems, & par toutes les persones, comme :

J'y suis.	*Je n'y suis pas.*
Tu y es.	*Tu n'y es pas.*
Il, ou elle y est.	*Il, ou elle n'y est pas.*
Nous y sommes.	*Nous n'y sommes pas.*
Vous y êtes.	*Vous n'y etes pas.*
Ils, ou elles y sont.	*Ils, ou elles n'y sont pas.*

Et de même dans tous les tems, & quand on parle par interrogation, comme : *Y suis-je ? n'y suis je pas ? le suis-je ? ne le suis-je pas ? en suis-je ? n'en* suis-je pas ? *y sommes nous ? n'y sommes-nous pas ?*

Le verbe *ETRE* est impersonel quand il est precedé de *ce* : alors il a la troisiéme persone du singulier & du pluriel, comme :

C'est un enfant.   *Ce sont des enfans.*
C'étoit le fils.   *C'étoient les fils.*

Et de même par tous les tems.

QUAND IL FAUT DIRE,

Il y a, il y est, il y en a.

Quand on interroge par *y a-t-il ? y avoit-il ? &c.* on répond de même, par *il y a, il y avoit, &c.* comme :

Y a-t-il long-tems ? Il y a un mois. Il y a six semaines.

Y avoit-il quelqu'un au logis ? Il y avoit un homme. Il y avoit des valets.

Y avoit-il du boüilli sur la table ? Oui, Monsieur, il y en avoit.

Y eut-il hier bien du monde à la Comedie ? Il y en eut beaucoup.

On voit par les exemples ci-dessus, que l'on exprime le verbe impersonel *ETRE* par *il y a, il y avoit, il y eut,* en parlant du tems & du lieu.

Quand on interroge, & qu'aprés le verbe, *il y a, il y avoit, il y eut, &c.* on met les articles *du, de la, des,* il faut répondre par la particule *en,* comme :

Y a-t-il du pain sur la table ?
Y avoit-il du vin dans la bouteille ?
Y a t-il de la chandele ici ?
Y a t il des plumes dans l'écritoire ?

Il faut répondre : *Il y en a, il y en avoit;* & non pas, *il y en est, il y en sont.*

On peut conoître par les frases suivantes, qui serviront de regle pour
toutes les autres, quand il faut dire, *il y a*, ou *il y est.*

Quand on interroge par le verbe ETRE , il faut
répondre de même par le verbe ETRE , comme :
Monsieur est-il au logis ? on répond : *Il y est , il n'y
est pas.*
*Les soldats sont-ils dans la ville ? Ils y sont , ils n'y
sont pas.*
Rien n'est plus aisé que la regle ci dessus : mais les
étrangers trouvent de la difficulté pour rendre , &
expliquer en françois :
*Est-ne aliquis domi ? Nemo est , est Dominus , sunt
ancilla.*
Quis est in civitate ? Sunt milites , sunt duces.
Estne candela in cubiculo ? Est , non est.
Ils ne savent s'il faut dire :
*Quelqu'un est-il au logis ? ou y a-t il quelqu'un au
logis ?*
Il n'y a persone , ou persone n'y est.
Il y a Monsieur , ou Monsieur y est.
Il y a les servantes , ou les servantes y sont.
*Qui est dans la ville ? Il y a des soldats , ou les sol-
dats y sont.*
Il y a les Capitaines , ou les Capitaines y sont.
*Y a-t il de la chandele dans la chambre ? ou la chan-
dele est-elle dans la chambre ? Il y en a , ou elle
y est.*
☞ La difficulté sera bien-tôt éclaircie , si on re-
marque , que quand on met le nominatif aprés le
verbe , il faut se servir du verbe impersonel *il y a ,
il y avoit* , &c. comme :

Il y a Monsieur, il y a Madame.
Il y a des soldats, des Capitaines, de la chandele.

Si on met le nominatif devant le verbe, il faut se
servir des tems du verbe *ETRE*, & dire :
Monsieur y est, Monsieur & Madame y sont.
La servante y étoit, les servantes y étoient.
Les Capitaines, les soldats y sont.
La chandele y est, elle y est, elle n'y est pas.

CHAPITRE VII.

DES ADVERBES.

SI les Etrangers prononcent si mal le François, &
font tant de fautes en parlant, c'est au choix qu'i
font de leurs Maîtres pour les enseigner, qu'ils e
doivent attribuer une partie de la faute, puis qu'il e
certain que *nemo dat quod non habet*, & que le
Gascons, & les Maîtres Etrangers ne peuvent pa
donner une veritable prononciation françoise ; &
Proverbe dit fort bien : *La caque sent toujours le harang.* C'est pourquoi

Ne suivez pas le conseil de ceux qui vous ense
gnent de dire : *Allez avec, vous irez avec, vo
viendrez avec, entrez avec*, parce que *AVEC* n'e
jamais adverbe en françois ; mais une préposition q
ne finit point la frase ; & il faut necessairement me
tre quelque mot aprés *AVEC*, & dire : *Allez ave
lui, avec elle, avec Monsieur ; vous irez avec mo
valet, avec Mademoiselle ; vous viendrez av
nous ; entrez avec moi, avec ma sœur.*

☞ Il ne faut pas dire aussi : *Voulez-vous aller av
moi ? avec nous ?* mais, *voulez-vous venir av
moi ? avec nous ?*

☞ N

☞ Ne dites non plus : *Je vous remercie pour , je vous suis obligé pour , je vous rends graces pour ;* mais, comme j'ai déja dit ci-devant : *Je vous remercie de , je vous suis obligé de , je vous rends graces de.*

On se sert souvent de *que* au lieu de *pourquoi,* comme : *Que ne dites vous ? que ne parlez-vous ? que ne mangez-vous ?* au lieu de dire : *Pourquoi ne dites-vous pas ? pourquoi ne parlez vous pas ? pourquoi ne mangez-vous pas ?*

Si , Aussi , Tant , Autant.

Il faut mettre *si* , & *tant* , quand on parle par negation , comme :
Votre frere n'est pas si sage que vous.
Vous n'avez pas tant d'amis que moi.

Si on parle par affirmation , il faut mettre *aussi,* & *autant* , comme :
Votre frere est aussi sage que vous.
Vous avez autant d'amis que moi.

☞ Remarquez les frases suivantes , qui se disent de deux manieres.

On dit : *Quasi de même ,* ou , *à peu prés de même.*
S'il ne tient qu'à cela, ou *à cela prés.*
Deux lieuës plus ou moins , *à deux lieuës prés.*
Deux sols plus ou moins , *à deux sols prés.*
Je le sai presque tout , je le sai à peu prés.
Il s'en manque bien , *à beaucoup prés.*
Il a presque fini , il a fini , ou *peu s'en faut.*

On doit mettre, comme j'ai déja dit , un accent sur l'adverbe *où* , pour le distinguer de *ou* conjonction , comme : *Où allez vous? à Vêpres , ou au Sermon ?*

L'adverbe *où* se met avec les verbes de mouvement & de repos , comme : *Où allez-vous , où est-il ? D'où venez-vous ? d'où sortez vous ? Par où passe-t-il ? par où vient-elle ?*

H

Il ne faut pas confondre *déja*, qui se dit en latin *jam*, avec *encore*, *adhuc*.

Déja ne se met point dans les frases negatives, mais dans les affirmatives, comme : *Ie lui ai déja dit.*

Encore se met dans les frases affirmatives, & negatives, comme :

Ie lui écrirai encore une fois.

Ie ne lui ai pas encore écri.

☞ On ne dit plus : *D'autant plus on boit, d'autant plus on veut boire;* ni, *tant plus on boit, tant plus on veut boire* ; mais on repete seulement *plus*, & l'on dit :

Plus l'on boit, plus l'on veut boire.

Plus une fille est sage, plus elle est estimée.

Plus il en a, plus il en veut avoir.

On dit fort bien : *Ie l'aime d'autant plus, que je sai qu'il est honête homme.*

Tout le monde l'estime d'autant plus, qu'il sait bien faire les choses.

Il ne faut point dire, *alors que*, ni *cependant que*, mais *lorsque*, *pendant que* ; parce que *alors* & *cependant*, sont des adverbes, & non pas des conjonctions.

Il faut écrire, *sens dessus dessous*, & non pas *sans dessus dessous* ; parce que *sens* veut dire l'endroit, c'est-à dire, *le sens qui étoit dessus, le mettre dessous.*

NE, PAS, *ou* POINT.

On met ordinairement deux negations dans la Langue Francoise, qui sont N E, & P A S, ou P O I N T.

On met *NE* devant les verbes, & *PAS*, ou *POINT* aprés les verbes, comme : *Ie ne sai pas, je ne croi pas, je ne l'ai pas, je ne l'ai point.*

POINT nie abfolument, & plus fortement que
PAS, comme fi l'on demande : *Avez-vous de l'ar-*
gent ? on répond *je n'en ai point,* c'eſt-à-dire, *point*
du tout. Et, *je n'en ai pas,* femble avoir quelque re-
ſerve, & ne nie pas fi fortement.

☞ Il faut mettre l'article indéfini *de* ou *d'* aprés
point, quand il eſt devant un nom, comme : *Je n'ai*
point d'argent, d'apetit, de pain, de viande. Qui
n'a point d'amour, n'a point de beaux jours.

Aprés *pas,* on met l'article défini *le, la, les,*
comme : *Ie n'ai pas l'eſprit, le ſoin, la peine, les*
chagrins que vous avez.

On dit, *je n'ai pas faim, je n'ai pas ſoif, il n'a*
pas peur, fans article. Voïez fol. 106 les mots que l'on
met fans article aprés les verbes.

On ſuprime *pas* & *point,* quand il ſuit une autre
negation aprés le verbe, comme, *ni, perſone, rien,*
jamais, nul, nulle, aucun, aucune. Exemple.
Je n'ai ni ſou, ni maille.
Je ne conois perſone.
Je n'en crois rien.
Il ne le dira jamais.
Il n'a nulle conoiſſance ici.
Je n'en ai vû aucun.

Quand *que* s'exprime en latin par *niſi,* on ſuprime
en françois *pas* & *point,* comme :
Il ne parle que de vous, niſi de te.
Il ne boite que d'un pied, niſi ex pede.
Il ne voit que d'un œil, niſi ex oculo.
Il n'entend que d'une oreille, niſi ex auricula.
On dit auſſi fans exprimer, *pas* ni *point* :
Je ne le verrai de ma vie.
Je ne lui parlerai de quinze jours.

CHAPITRE VIII.

DES PREPOSITIONS.

LEs prepoſitions devienent adverbes, quand elles ſont à la fin d'une fraſe ſans avoir aucun cas aprés elles, comme :

Il eſt dehors, il eſt dedans, il marche derriere.

S'il y a quelque cas aprés, ce ſont des prépoſitions comme :

Il eſt dehors la ville, dedans, ou dans ſa poche derriere la porte, auprés de moi

Quelquefois les prepoſitions ſont des noms ſubſtantifs, devant leſquels on met un article définie comme : *le dedans, le dehors, le devant, le derriere, le deſſus, le deſſous.*

SANS ſe met avec les Infinitifs, comme :

Sans ſe-plaindre.
Sans me rien dire.
Sans ſe fatiguer.
Sans ſe laſſer.
Sans en être averti.
Sans me conſulter.
Sans en avoir demandé conſeil.

EN, & DANS.

EN, & DANS ſont deux prepoſitions qu'il faut pas confondre.

EN ſe met devant les noms de Roïaume, & Province, comme : *En France, en Eſpagne, en Champagne, en Italie.*

Devant les noms de ville, on met *à ou à la*

comme : *à Paris , à Rome , à la Rochelle , à la Haie.*

On met EN devant les noms de mois , & de sai-sons , comme : *en Ianvier, en Février , en Mars.*

Si on met le nom de *mois* , il faut dire : *au mois de Ianvier , au mois de Février* , &c.

Pour les saisons on dit : *en Eté , en Automne , en Hiver , au Printems.*

EN est la marque du Gerondif, comme : *en di-sant , en parlant.*

EN est aussi une particule relative , comme j'ai déja expliqué en plusieurs endroits. Exemple : *En voulez-vous ? j'en viens , je n'en sai rien.*

☞ Pour marquer qu'une chose change de nature , & est convertie, ou reduite en une autre forme, on se sert de EN , comme : *Son habit est tout en pieces , en morceaux* ; c'est-à-dire , *mis en pieces , en morceaux.*

La maison est toute en feu ; c'est-à-dire , *reduite en feu.*

Et de même : *Il est en colere , en furie ; il revient en enfance.*

On dit en parlant du tems : *en trois jours , & dans trois jours ; en six semaines , & dans six se-maines.*

Il faut dire , *en trois jours , en six semaines,* quand on employe tout le tems passé dont on parle, comme : *I'ai lû ce livre en trois jours ; il fera son voïage en six semaines.* C'est-à-dre , que l'on a em-ploïé trois jours à lire , & six semaines à faire le voïage.

On met D A N S , quand l'action ne se doit faire qu'aprés un certain tems à venir , comme : *Il arri-vera dans trois jours , dans six semaines ; j'ache-verai cela dans deux mois , dans un an.* On en-end que l'on n'arrivera , & achevera qu'aprés que trois jours, six semaines,deux mois,un an seront passés.

Et si on difoit , *il arrivera en trois jours ,* on entendroit qu'il feroit trois jours en voïage , ou en chemin.

L'on fe fert de DANS , pour marquer que la chofe dont on parle eft effectivement dans un lieu , comme :

Les poiffons font dans la mer.

Il travaille dans fa chambre.

Il eft dans fa boutique

☞ Remarquez qu'aprés EN on ne met point les articles définis *le , la , les ,* & que l'on dit , *il dîne en ville ,* & non pas , *en la ville.*

Et quand on met *dans ,* on met les articles *le , la les ,* & les pronoms poffeffifs , comme : *Il eft dans la ville , dans fon jardin.*

Voïez par les exemples fuivans la difference d'EN à DANS.

Les vaiffeaux font en mer , c'eft-à-dire , *fur la mer*

Les poiffons font dans la mer.

Il travaille en chambre , il travaille dans la chambre.

Il eft en boutique , il eft dans la boutique.

Il y a deux reflexions à faire fur ces frafes ; premiere , que EN ne fpecifie , & ne determine le lieu que generalement , & indiftinctement ; & que DANS le fpecifie , & le determine particulierement. La feconde , quand on dit , *il travaille en chambre ,* on entend que c'eft un homme , ou un garçon qui n'eft pas maître. Et de même quand on dit , *il eft en boutique ,* on entend que c'eft un homme , ou un garçon qui eft en une certaine boutique , fans que l'on fache quelle eft cette boutique. Au lieu que quand on dit , *il eft dans la chambre , dans la boutique ,* on entend , & l'on fait quelle eft la chambre , & la boutique.

☞ Il faut auffi remarquer que les François fe fervent des articles du datif pour exprimer le lieu , comme me : *Il va, il eſt, il reſte au logis, à l'Egliſe, au Palais, à la Ville, à la porte, à la fenêtre, aux champs. Mettez le pot au feu, les choux, les herbes au pot, le chapon à la broche.*

☞ Remarquez comme il faut tourner en françois les fraſes latines ſuivantes.

Ut eam, afin que j'aille.

Credit me iturum, il croit que j'irai.

Credo te eſſe, je crois que vous êtes.

Timeo ne, je crains que, qu'il, qu'elle.

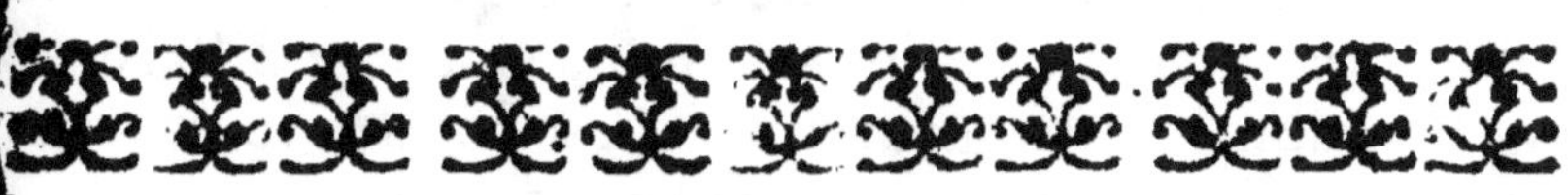

CHAPITRE IX.

DES CONJONCTIONS, *& Interjections.*

IL n'y a rien de particulier à obſerver ſur les Conjonctions, & les Interjections.

Je mettrai ſeulement ici une obſervation, pour faire conoître quand aprés la conjonction *que* il faut mettre le verbe à l'Indicatif, ou au Conjonctif.

Quand on doute ſi le verbe qui eſt aprés *que* doit être à l'Indicatif, ou au Conjonctif, il faut mettre le verbe *faire,* ou le verbe *ſavoir,* à la place du verbe dont on doute ; & ſi les verbes *faire,* ou *ſavoir* ſont à l'Indicatif, le verbe qui ſera aprés *que* ſera de même à l'Indicatif. Exemple : *Le Roi croit que je chante.* Mettez à la place de *je chante,* les verbes *faire,* ou *ſavoir,* vous direz : *Le Roi croit que je fais,* ou *que je ſai ;* c'eſt la marque que *chante* eſt à l'Indicatif. Et ſi l'on diſoit, *Le Roi veut que je chante,* en changeant le verbe, on dira : *Le Roi veut que je fasse, que je sache ;* pour lors c'est la marque du Conjonctif.

****

DE L'ORTOGRAFE
Françoise.

IL y a plusieurs mots dans la Langue Françoise, que l'on prononce de même, & que l'on écrit de differentes manieres, suivant qu'ils ont une differente signification : mais auparavant d'en donner le recüeil, il est bon de savoir quelques particularités.

La lettre C, que l'on écrit avec un cedile dessous, comme (ç) doit être prononcée comme un ſ. Exemple, *François, façon,* dites, *Franſois, faſon.*

La petite barre que l'on met entre deux mots, comme, *celui ci, dirons-nous, dis-je, fait-il, chef-d'œuvre,* marque que quoi que ce soit deux mots, il les faut prononcer en un.

Quand on parle par interrogation, & que le verbe termine en *a,* ou en *e,* il faut mettre un *t* avec deux petites bartes entre le verbe, & le mot suivant qui commence par voïelle, comme : *Dira-t-il ? ira-t-elle ? chante-t il ? parle-t-on ? dira-t-on ?*

Les deux points que l'on met sur les voïelles ë, ï, ü, marquent qu'il ne faut pas joindre plusieurs voïelles dans une même sillabe. Et quand il n'y a point de points on les prononce en une sillabe, comme on peut voir dans les mots, *mieux, cieux,* que l'on écrit sans points.

ë

Il faut mettre deux points sur l'*e* feminin qui est à la fin d'un mot devant un *u,* comme, *ambiguë, bouë, ſerduë, nuë, tortuë,* qu'il faut prononcer, comme

s'il y avoit encore un *u* aprés un *ë*, pour marquer la
difference qu'il y a entre l'*e* feminin des mots prece-
dens, & l'*e* muet des mots fuiva s, *digue*, *figue*,
gigue, *ligue*, *prodigue*, *pedagogue*, *dogue*, *prologue*,
Sinagogue, où on ne met point de points fur *e*.

On met aufli deux points fur *ë* qui eft aprés un *o*,
pour marquer qu'il faut entendre dans la prononciation l'*o* & l'*e*, comme, *boëtte*, *coëffe*, *Poëte*.

ï

J'ai dit dans la prononciation de l'*i*, qu'il faut
mettre deux points fur *i*, quand il eft entre deux
voïelles, & qu'on le prononce comme s'il y en avoit
deux. Exemple, *païfage*, *moïenant*.

On met deux points fur *i*, pour marquer qu'il faut
le prononcer feparé de la voïelle precedente, comme,
haïr, *obeïr*, *Moïfe*, pour les diftinguer des mots
fuivans, où l'*i* fe prononce avec la voïelle precedente,
la haire, *la haine*, du pain *moifi*.

ü

L'*ü* avec deux points eft disjonctif, & on écrit,
reünir, pour prononcer *re-u nir*, & non pas *reu-nir* ;
Leüis, & non pas *Lo-uis* ; & de même, *loüer*, *fa-*
lüer, *broüette*, *choüette*, *Saül*, en deux fillabes, &
Saul en une ; *Emaüs*, *Efaü*, chacun en trois fillabes.

On met deux points fur l'*u* dans les mots, *accüeil*,
boüilli, *boüillon*, *broüillon*, *cerfeüil*, *citroüille*, *deüil*,
fauteüil, le *feüil*, *recüeil*, *patroüille*, & femblables,
pour marquer que l'*i* qui dans ces mots eft devant
une *l*, fe doit prononcer comme fi cet *i* étoit aprés *l*,
& de même que les Italiens prononcent *gli*, comme
une *l* liquide.

On hefite à écrire les fillabes en *euil*, ou *ea*

ueil, cependant rien n'est plus aisé.

Si la sillabe commence par *c*, ou par *g*, il faut mettre l'*u* aprés le *c* & le *g*, comme, *cüeillir*, *accüeil*, *orgüeilleux*

Si la sillabe ne commence pas par *c* ou *g*, on met l'*e* devant l'*u*, comme *deüil*, *fauteüil*.

RECUEIL DE QUELQUES
mots que l'on prononce de même, & que l'on écrit de differentes manieres.

Abesse, abaisse.

L'Abbesse abaisse son voile.
Abat, à bas.
Il abat les arbres . & les met à bas.
Abus, à but, a beu.
C'est un abus de dire qu'il joüe but à but aprés qu'il a beu.
Avant, à vent, Avent.
Avant-hier dans un moulin à vent on parloit de l'Avent.
Ail, aille.
Il sent l'ail, il faut qu'il s'en aille.
Air, air, Haire, aire, airs, aires ou erres.
Cet homme qui regarde en l'air a bon air, il a porté la haire dans la ville d'Aire en Flandres, il vous écrira des airs, mais il faut lui donner des aires ou des erres.
Ai, est, ais, Aix.
Ie l'ai veu, il est sur un ais dans la ville d'Aix en Provence.
En, an.
En moins d'un an.

Antre , entre.
Dans un antre obscur entre deux lions.

Apris , à prix , a pris.
C'est un mal apris de mettre à prix ce qu'il a pris.

Attens , à tems , à tant.
Attens , il est à tems , mets-le à tant.

O , os , au , eau.
O quel os il a donné au porteur d'eau.

Autel , hôtel.
Il y a un autel dans son hôtel.

Balle , bal , Basle.
Je perdis bien des balles à la paume , le jour que je fus au bal à Basle en Suisse.

Bat , bas , bas , bat.
Son pere le bat pour avoir dit qu'il a trouvé là bas une paire de bas auprés du bat de nôtre mulet.

Qu'en , quand , camp , Caën.
Qu'en diroit-on quand je dirois que j'ai été au camp proche de Caën.

Comte , compte , conte.
Monsieur le Comte ne trouvera pas son compte en disant les contes qu'il conte & repete si souvent.

Cors , cor , corps.
Je vous donnerai mon cors de chasse , si vous me gueriffez mon cor aux pieds qui me répond par tout le corps.

Coure , courent , court , Cour , Cours.
Il faut que je coure , puisque les autres courent par le chemin plus court , pour voir la Cour qui va au Cours.

D'en , dans , dent , dents.
Il vient d'en haut , & va dans sa chambre , parce qu'il a une dent qui lui gâte les autres dents.

Elle , aîle.
Que demande-t-elle ? une aîle de perdrix.

Etend , étant , étang.
Je la vois qui étend son linge , étant proche d'un étang.

H vj

Face, fasse.

Regardez-moi en face afin que je fasse votre portrait.

Faites, faite, fête.

Faites cesser l'ouvrage du faite de la maison, car c'est aujourd'hui fête.

Fils, fi, fis, fit.

Vôtre fils dit fi de ce que je fis, parce que je dis fi de ce qu'il fit.

Foi, foüet, fois, foie.

Ma foi vous aurez le foüet, si vous dites encore une fois que c'est le chat qui a mangé le foie.

Hôte, ôte, hotte.

Mon hôte ôte sa hotte.

Jean, gens, j'en

Vôtre ami Iean a bien des gens pour lui, j'en suis seur.

Gris, gril.

Dites à cet homme vêtu de gris qu'il mette les harangs sur le gril.

Leg, lai, laid, lait, laic, les.

Par son testament il m'a fait un leg, c'est à present un Frere lai qui est fort laid, qui ne vit que de lait aprés avoir été Conseiller laic, & dans les affaires du Roi.

Mars, marc, mare, Marc.

Au mois de Mars il est tombé un marc d'argent dans la mare proche de saint Marc.

Marchant, Marchand.

En marchant devant la porte d'un Marchand.

Mere, Mair, mer.

La mere du Mair de notre ville est en mer.

Mœurs, meurent, meure, meurs.

Ses bonnes mœurs meurent avec lui, & il meure pour avoir mangé des meures.

Maure, mort, mord, mors.

C'est un Maure qui est mort, qui tient un cheval qui mord son mors.

Non, n'ont, nom.

Non ils n'ont pas mon nom ?

Pend, paon, pan.

Il pend son paon sur un pan de muraille.

Pair, perd, pere, paire

Un Duc & Pair perd son pere pour une paire de pistolets.

Plains, plein.

Ie le plains, il est plein de vin.

Poix, poids, pois.

La poix se vend au poids, mais non pas les pois.

Paul, pole.

On parle de saint Paul d'un pole à l'autre.

Port, porc, pores.

Quand vous serez au port frottez-vous de graisse de porc, cela ouvre les pores.

Prie, prix, pris.

Ie vous prie dites-moi le prix de ce qu'il a pris.

Rends, rang, rend.

Ie vous rends le rang qu'il me rend.

Cent, sent, sens, sang, sans, s'en cens.

Il a dit cent fois qu'il sent, qu'il n'a plus de bon sens, qu'il perd son sang, sans que l'on s'en aperçoive, & il doit les cens de ses terres.

Sain, saint, sein, ceint.

Il est fort sain, il vit comme un saint, & porte dans son sein la ceinture dont il se ceint.

S'est, c'est, cet, ces, ses, sept, ceps.

Il s'est trompé, c'est cet homme & ces femmes qui lui ont pris ses fruits & sept ceps de vigne.

Selle, celle, sel.

La selle est pour celle qui portera le sel.

Sire, cire, Cir.

Sire, voila de la cire pour saint Cir.

Soi, soie, soif.

Chacun pour soi portera du fil & de la soie, & du vin pour boire quand il aura soif.

Sont, son, son

Ce sont des voleurs qui amusent un païsan au son de leur flute pour lui voler son son.

Tems, tant, tan, t'en.

Il y a long-tems qu'il y a tant de tan dans la tan-nerie, l'on t'en donnera tant que tu voudras.

Thond, tond, ton, thaon, t'ont.

Il mange du thon, & tond ton mouton, qui a été piqué d'un thaon, comme ils t'ont dit.

Toit, toi.

Si tu vas sur le toit prends garde à toi.

Trop, trot.

C'est trop aller le trot.

Vent, vend, vans.

A present qu'il ne fait plus de vent allons voir cet homme qui vend des vans.

Vers, verd, vert, vers, ver, verre.

I'ai veu vers Lion un homme habillé de verd, qui est encore vert, qui fait fort bien des vers sur un in-secte, & sur un ver, quand il a un verre de vin à la main.

Vain, vint, vingt, vin.

Ce fut en vain qu'il vint dire que la bouteille de vin valoit vingt sols.

Vois, voie, voit, voix.

Ie vois que l'on porte une voie de bois à un vieil-lard qui ne voit goute, & qui a encore une belle voix.

ORDRE DE LA CONSTRUCTION
Françoise.

ON peut relire ce que j'ai dit sur la construction folio 101. &c. & remarquer les frases suivantes, où ce qu'il y a de plus difficile est renfermé.

J'ai mis des chifres sur chaque mot, pour marquer l'ordre de la construction.

L'explication des chifres est au bas de chaque frase. ☞ Il faut se souvenir que les pronoms conjonctifs.

Me, te, se, nous, vous, leur.

M'en t'en, s'en, nous en, vous en, leur en.

Me le, me la, me les.

Te le, te la, te les.

Nous le, nous la, nous les, &c.

Se mettent devant les verbes & non pas aprés, comme vous verrez dans les exemples qui suivent.

Et que l'on ne met ces pronoms conjonctifs aprés les verbes qu'à l'imperatif, comme :
Donnez m'en, montrez-nous en, dites-le moi, &c.

Dans les frases affirmatives.

1. On commence par le nominatif, soit que le nominatif soit nom, ou pronom, comme : *je, tu, il, nous, mon frere, le Roi, le ciel, Dieu, &c.*

2. Aprés le nominatif on met les pronoms conjonctifs, s'il y en a dans la frase, comme, *me, tu, se, nous, vous, leur.*

3. Aprés les pronoms conjonctifs on met les relatifs *en* , *le* . *la* , *les*

4. Aprés les relatifs on met le verbe , comme , *donnera* . *donne* . *envoie.*

5. Aprés le verbe on met l'adverbe , comme , *toûjours* . *peut-être* , *fidelement.*

6. Aprés l'adverbe le regime du verbe , comme , *la permiſſion* , *le tems.* Suivant l'ordre ci-deſſus vous direz :

   1   2   3   4   5

Le Roi vous en donnera peut-être

     6

la permiſſion.

1. Le Roi , *nominatif.*
2. vous , *pronom conjonctif.*
3. en , *particule relative.*
4. donnera , *verbe.*
5 peut être , *adverbe.*
6. la permiſſion , *à l'accuſatif.*

Si on parle par interrogation , il faut mettre le pronom perſonel aprés le verbe , & dire :

Le Roi vous en donnera-t-il la per-miſſion ?

Si on parle par negation , on met la negation aprés le nominatif , & *pas* ou *point* aprés l'adverbe , comme :

Le Roi ne vous en donnera peut-être pas la permiſſion.

¶ Suivant l'ordre ci-deſſus apprenez à ranger vôtre diſcours ſur les fraſes ſuivantes , qui ſerviront de regles pour les autres.

Ordre de la conſtruction.

Parlant par affirmation.

Je conois vôtre frere, je l'ai veu pluſieurs fois à Paris.

Par negation.

Je ne connois pas vôtre frere, je ne l'ai jamais veu à Paris.

Par affirmation en parlant du lieu avec la particule relative y.

J'ai connu vôtre frere à Paris, & je l'y ai veu pluſieurs fois, quand j'y étois, & que j'y faiſois mes exercices.

Par negation avec les mêmes.

Je n'ai jamais connu vôtre frere à Paris, & je ne l'y ai pas veu ; car je n'y étois plus, & j'y avois fait mes exercices quand il y eſt arrivé.

Souvenez-vous qu'il ne faut pas exprimer les negations pas ni point, quand dans la fraſe il y a d'autres negations, comme, jamais, perſone, aucun, rien.

Par affirmation avec la particule conditionelle ſi.

Si vôtre frere avoit été à Paris je l'y aurois veu.

Par negation avec ſi & la particule y.

S'il n'y avoit pas été, je ne l'y aurois pas veu.

Par affirmation avec y & la particule relative en.

Vous y en trouverez pluſieurs, qui vous en donneront tout ce que vous leur en demanderez.

Par negation avec les mêmes.

Vous n'y en trouverez pas un qui ne vous en donne plus que vous ne lui en demanderez.

Vous ne nous en envoierez point, parce que nous ne vous en avons point demandé.

Avec les particules on & y.

On m'a dit qu'on avoit veu beaucoup de monde

chez vous, on m'y a envoié, & je n'y ai trouvé perſone.

Par negation avec les mêmes.

On ne m'a pas dit que l'on n'avoit pas veu beaucoup de monde chez vous, & on ne m'y a pas envoié comme on vous l'a dit.

Remarquez l'ordre de la conſtruction des fraſes ſuivantes, où il y a pluſieurs regles à obſerver, marquées par les chifres qui ſont ſur chaque mot, dont l'explication eſt plus bas.

$$\overset{1}{V}\text{ous } \overset{2}{lui} \overset{3}{ferez} \overset{4}{plaiſir} \overset{5}{de} \overset{6}{lui} \overset{7}{dire}$$

$$\overset{8}{votre} \overset{9}{ſentiment} \overset{10}{ſur} \overset{11}{la} \overset{12}{piece} \overset{13}{qu'il} \overset{14}{vous}$$

$$\overset{15}{a} \overset{16}{faite}, \& \overset{17}{ſur} \overset{18}{la} \overset{19}{chambre} \overset{20}{qu'il} \overset{21}{vous}$$

$$\overset{23}{a} \overset{24}{fait} \overset{25}{loüer}.$$

1. Vous, *pronom perſonel au nominatif.* fol. 34.

2. lui, *pronom conjonctif.* fol. 35. 36.

3. ferez, *verbe au pluriel* fol. 124.

4. plaiſir, *nom à l'accuſatif* 183 & 184.

5. de, *article indéfini.* fol. 23.

6. lui, *pronom conjonctif* 184. 35. & 36.

7. dire, *verbe à l'infinitif.* 184. & 37.

8. votre, *pronom poſſeſſif à l'accuſatif.* 184.

9. ſentiment, *nom à l'accuſatif* 184.

10. ſur, *prépoſition.* fol 97.

11. la, *article à l'accuſatif.* 21. 22.

12. piece, *nom à l'accuſatif* 184.

13. qu'il, *pronom relatif.* fol 130.

14. vous, *pronom conjonctif.* fol. 183.

15. a, *verbe auxiliaire.* 44.

16. faite , *& non pas* fait. fol. 157. 158.
17. & , *conjonction.* 98.
18 fur , *préposition.* 97.
19. la , *article à l'accusatif.* 20. & 22.
20. chambre , *nom à l'accusatif.* 98.
21. qu'il , *pronom relatif,* pour *que il.*
22. vous , *pronom conjonctif.* 183.
23. a , *verbe auxiliaire.* 44.
24. fait , *fait,* & non pas *faite.* fol. 154.
25. loüer , *verbe à l'infinitif.*

C'eſt un homme qui jouë fort bien du lut , de la guitare , aux échets, à la paume, & qui vous y jouëra du batois ; il fait auſſi de beaux ouvra-ges à la plume, & au pinceau pour des Princes Etrangers.

1. C'eſt , *voiez* fol. 127.
2. un , *voiez* fol. 128.
3. homme , *nom au nominatif.*
4. qui , *pronom relatif.* fol. 41.
5. jouë , *verbe*
6. fort bien , *adverbe au fuperlatif.*
7. du lut , *pourquoi* du lut. *fol.* 119.
8 de la guitarre , *voiez* fol. 120.
9. aux échets , *voiez* fol. 120.
10. à la paume. 120.
11. & , *conjonction.* 98.

12. qui , *pronom relatif.*
13. vous , *pronom conjonctif.*
14. y , *adverbe de lieu.*
15. jouëra , *verbe.*
16. du batois , *& non pas* au batois. fol. 120.
17. il fait , *verbe au present.*
18. auſſi , *adverbe.*
19. 20. de beaux ouvrages *fol.* 105.
21. à la plume , *voiez* fol. 120.
22. & au pinceau , *idem.*
23. pour des Princes Etrangers, *fol.* 97.

SUR LE VERBE IMPERSONEL Il y a.

Il y avoit hier beaucoup de monde à la Comedie ; & il y en auroit eu davantage, s'il y avoit eu de meil-leurs Acteurs Si j'y avois été , j'y aurois eu plus de plaiſir que vous n'y en avez eu Si j'avois ſçû qu'il y eût eu tant de choſes curieuſes, j'y aurois été ; mais comme on m'avoit dit qu'il n'y avoit rien de particulier , je n'y ai pas été.

Voiez **fol.** 162. vous y trouverez la conjugaiſon du verbe imperſonel *il y a* , *il y en a*

ORDRE DE LA CONSTRUCTION du verbe ETRE.

Le verbe ETRE a quatre differentes ſignifications.
1. Il a la ſinification ordinaire de *ſum , es , eſt , ſumus, eſtis . ſunt ,* &c. comme :
Je ſuis votre ſerviteur.
Vous étiez hier bien chagrin.
Si j'étois à ſa place.
Si vous aviez été avec moi , vous ne vous ſeriez pas tant ennuié.

J'y serai à deux heures, si ce n'est pas trop tard,
C'est un honête homme.
Ce sont des soldats.
C'étoit un miserable, c'étoit une fripone.

2. On exprime quelquefois le verbe ETRE en françois par les tems du verbe *valoir* impersonel, comme, *melius est, melius erat*, &c.

Il vaut mieux que je m'en aille, *melius est ut abeam.*
Il valoit mieux se taire, *melius erat tacere.*
Il eût mieux valu, *melius fuisset.*
Il vaudra mieux, *melius erit*

3. On exprime le verbe ETRE par le verbe *faire*, quand on parle des qualités du tems, comme : *Est bonum tempus hodie*, &c.

Il fait beau aujourd'hui.
Il ne fait pas beau.
Il faisoit hier bien froid quand je vous rencontrai.
Il fit hier bien chaud aprés midi.
Il a fait des éclairs.
Il fera bien froid cette nuit.
Il faut qu'il fasse un grand vent.
Quand il feroit broüillard je ne m'en soucierois pas,

4. Quand on parle du tems, on dit :
Il y a un an, & non pas, *il est un an.*
Il n'y a pas encore un an.
Il y a quinze jours.
Il y avoit trois semaines.
Il y eut Mardi deux mois.
Il y aura demain trois ans.
Il faut qu'il y ait plus de trois jours.
Si cela étoit il y auroit plus de dix ans.

ORDRE DE LA CONSTRUCTION
du verbe impersonel FALOIR.

Il faut.   Il ne faut pas.

Il le faut. — Il ne le faut pas.
Il les faut. — Il ne les faut pas.
Il en faut. — Il n'en faut pas.
Faut-il ? — Ne faut-il pas ?
Le faut-il ? — Ne le faut-il pas ?
La faut-il ? — Ne la faut-il pas ?
Les faut-il ? — Ne les faut-il pas ?
En faut-il ? — N'en faut-il pas ?

Conjuguez de même tous les autres tems.

Il faloit. — Il ne faloit pas.
Il a falu. — Il n'a pas falu.
Il avoit falu. — Il n'avoit pas falu.
Il faudra. — Il ne faudra pas.
Plût à Dieu qu'il faille. — Qu'il ne faille pas.
Je ne croiois pas qu'il falût.
Il faudroit. Il ne faudroit pas. Il en faudroit.
Il n'en faudroit pas. Faudroit-il ? Ne faudroit-il pas ?
&c.

Ordre de la construction du verbe faloir, quand il signifie parum abest.

Peu s'en faut, comme :
Cette bouteille tient pinte, ou peu s'en faut.
Ces verres tiennent demi septier, ou peu s'en faut.
Il étoit une heure, ou peu s'en faloit, *ou* il s'en manquoit fort peu.
Peu s'en est falu que je ne sois tombé.
Il y tiendra tout, ou peu s'en faudra.
Je les porterois tous, ou peu s'en faudroit.

ORDRE DE LA CONSTRUCTION du verbe MELER.

Melez-vous de vos affaires.

De quoi vous mêlez-vous ?
Je ne m'en mêle pas.
Ne vous en mêlez point.
Mêlez vous en si vous voulez.
Je m'en mêlois·
Je ne m'en mêlois pas.
Nous nous en mêlions.
Nous ne nous en mêlions pas.
Vous vous en mêliez.
Vous ne vous en mêliez pas.
Je ne m'en suis jamais mêlé.
Je ne m'en étois jamais mêlé.
Je ne m'en mêlerai jamais.
Il ne faut pas que vous vous en mêliez.
Si je m'en étois mêlé, votre frere n'y auroit pas eu
    tant de chagrin.
Si je ne m'en étois pas mêlé, votre frere n'y auroit
    pas été si chagrin.

ORDRE DE LA CONSTRUCTION
de la particule ON.

Tous les verbes qui sont aprés la particule ON
deviennent impersonels, & n'ont que la troisiéme
persone du singulier dans tous les tems, comme :
On dit une chose. On dit plusieurs choses.
On écrit une lettre. On écrivoit beaucoup de lettres.
Et de même dans tous les tems ; le verbe *écrire*
servira de regle pour tous les autres.

Par affirmation, & negation.

On écrit.	On n'écrit pas.
On l'écrit.	On ne l'écrit pas.
On en écrit.	On n'en écrit pas.
On m'écrit.	On ne m'écrit pas.
On m'en écrit.	On ne m'en écrit pas.
On me l'écrit.	On ne me l'écrit pas.

On m'y écrit.   On ne m'y écrit pas.
On vous y écrit.   On ne vous y écrit pas.
On m'y en écrit.   On ne m'y en écrit pas.

Quand on parle du tems passé.

On a écri.   On n'a pas écri.
On l'a écri.   On ne l'a pas écri.
On en a écri.   On n'en a pas écri.
On m'a écri.   On ne m'a pas écri.
On m'en a écri.   On ne m'en a pas écri.
On me l'a écri.   On ne me l'a pas écri.
On m'y a écri.   On ne m'y a pas écri.
On m'y en a écri.   On ne m'y en a pas écri.

Obfervez le même ordre dans tous les tems, &
avec tous les verbes, rangeant les particules & le
negations de la même maniere qu'elles font ci
deſſus.

Par interrogation.

Ecrit-on ?   N'écrit-on pas ?
L'écrit-on ?   Ne l'écrit-on pas ?
En écrit-on ?   N'en écrit-on pas ?
M'écrit-on ?   Ne m'écrit-on pas ?
M'en écrit-on ?   Ne m'en écrit-on pas ?
Me l'écrit-on ?   Ne me l'écrit-on pas ?
M'y écrit-on ?   Ne m'y écrit-on pas ?

Il y en a pluſieurs qui écrivent le Participe d
verbe *écrire* ſans *t*, & diſent avec juſtice, *j'ai écri*
& non pas, *j'ai écrit.*

GALLECISMES

GALLECISMES,

OU MANIERES DE PARLER
Françoises , qui font la delicatesse
& le genie de la Langue.

LEs François ont des manieres particulieres de s'exprimer , & des frases figurées, que l'on ne peut rendre en d'autres Langues que par des perifrases , comme :

A croire. S'en faire à croire.

Ne vous en faites pas tant à croire , *id eft* , ne vous flatez pas tant.

Il m'a fait à croire que , *id eft* , il m'a fait entendre que.

Il s'en fait bien à croire , *id eft* , il s'imagine d'être plus qu'il n'eft.

Il eft ingenieux à s'en faire à croire , *id eft* , à fe tromper lui-même , à avoir bonne opinion de lui-même.

Il faut lui en faire à croire, *id eft*, lui faire entendre une chofe pour une autre.

Airs. Se donner des airs.

Il fe donne des airs de Marquis , *id eft* , il fe fait paffer pour Marquis.

Ne vous donnez pas ces airs là , *id eft*, ne foiez pas fi hardi , ne prenez pas la liberté.

Il faut prendre un peu l'air, *id eft* , fortir du logis, s'aller promener.

Aune. Il mefure tout le monde à fon aune , *id eft,* il croit que chacun eft comme lui.

Il fait combien en vaut l'aune , *id eft* , il y a été attrapé.   I

Il en aura tout le long de l'aune , *id eſt* , on le bat-
tra, ou maltraitera de paroles ſans l'épargner.

Il faut lui en donner tout le long de l'aune , *id eſt*,
ne le pas épargner.

Il lui en a donné tout le long de l'aune , *id eſt* , il
lui a dit ſon fait , il l'a traité comme il merite.

Badinage. Elle eſt faite à ſon badinage , *id eſt*, ac-
coutumée à ſon humeur.

Baiſſer. Il croit qu'il n'y a qu'à ſe baiſſer , & en
prendre , *id eſt* , il s'imagine que tout lui eſt permis.

Il faut baiſſer la lance , *id eſt* , ceder.

Bande à part. Faiſons bande à part , *id eſt* , ſepa-
rons-nous des autres , mettons nous à notre particulier.

Baſſin. Il faut cracher au baſſin , *id eſt* , donner
de l'argent.

Il l'a fait cracher au baſſin , *id eſt* , il l'a fait
paier.

Battre. Il faut battre le fer pendant qu'il eſt chaud ,
& de même ,

Balle. Bond. Il faut prendre la balle au bond , *id
eſt* , ſe ſervir de l'occaſion , prendre la fortune aux
cheveux

Les ennemis ont été battus à plate couture , *id eſt* ,
entierement défaits

Beaux yeux. Ce n'eſt pas pour vos beaux yeux ,
id eſt , pour vous , à cauſe de vous , à votre conſi-
deration.

Beau faire. Vous avez beau faire , vous avez
beau dire.

Vous avez beau parler , vous avez beau chanter.

Nous avons beau rire , nous avons beau pleurer.

Id eſt , nous pouvons faire , dire , parler , chanter,
rire , & pleurer tant que nous voudrons.

Vous avez beau faire , vous ne gagnerez pas votre
cauſe , vous n'y gagnerez rien , *id eſt* , c'eſt tout temps
perdu.

Belle Il vous la donne belle, *id est*, il vous en impose.

Vous me la donnez belle, *id est*, vous m'en imposez ; *ou dans un autre sens*, vous me donnez de l'esperance, de l'avantage.

Bien. Cela ne vous fera pas de bien, *id est*, vous incommodera, vous fera mal.

Cet habit vous sied fort bien, *id est*, vous convient bien, vous fait une belle taille.

Au blanc. Il est au blanc.

A la besace. Il est à la besace.

Il est sec comme un pendu d été.

Il n'a ni sou, ni maille.

Il n'a pas le sou, il n'a pas le denier.

Id est, il est pauvre, il est gueux, il n'a rien.

Bois. Trouver visage de bois ; nous trouverons visage de bois, *id est*, la porte fermée, quand il n'y a persone au logis.

Il ne sait de quel bois faire fleche, *id est*, il ne sait plus que faire, à quoi s'emploïer, il est bien embarassé.

Bouche. Il faut manger cela pour faire bonne bouche, *id est*, pour faire passer le mauvais goût, pour avoir l'haleine agreable.

Il est mal en bouche, *id est*, il parle mal, il dit des paroles malhonêtes.

Il faut lui faire la bouche, *id est*, l'avertir de ce qu'il aura à dire.

Bouche cousuë *id est*, ne dites rien, n'en parlez pas.

Boulle Il a l'esprit pointu comme une boulle, *id est*, c'est un grossier, un nigaud, un ignorant.

Branle. Donner le branle à une affaire.

Cela lui a donné un bon branle, *id est*, l'a beaucoup avancé

Il a mené le branle, *id est*, il a commencé.

Bras. C'est son bras droit, *id est*, c'est son intime, il fait tout pour lui.

Ils se sont receu bras dessus bras dessous, *id est*,
ils se sont embrassés.

Il a bien du monde sur les bras, *id est*, une grosse
famille à entretenir.

Bride. A bride abbatuë, à toute bride, à toutes
jambes, *id est*, de toute sa force toujours en courant.

On lui laisse la bride sur le cou, *id est*, faire tout
ce qu'il veut.

Il faut le tenir en bride, *id est*, ne lui pas donner
tant de liberté.

Briser. Brisons là-dessus.

Brisez là-dessus.

Il faut briser là-dessus, *id est*, finir, n'en plus
parler.

Buche C'est une vraie buche, une cruche, un butor.

C'est un cheval de carosse, un rossignol d'Arcadie
id est, il n'a point d'esprit, il est lourd, c'est une
bête, un âne.

But. Ce n'est pas là le but, *id est*, de quoi il s'agit

Quel est votre but, *id est*, votre dessein, votre intention.

Il est bien loin du but, *id est*, il ne conoît pas
l'affaire.

Il a touché au but, *id est*, il a découvert la difficulté.

Il a fait cela de but en blanc.

Il ne faut pas y aller de but en blanc.

Ne lui allez pas dire de but en blanc, *id est*, à l'é-
tourdi, sans reflexion.

Chance. La chance est tournée, *id est*, la fortur
est changée.

Chaud. Si vous n'avez rien de plus chaud, *id est*,
si vous ne vous attendez qu'à cela.

Choux. Choux pour choux, *id est*, l'un pour
l'autre.

Clef Jetter la clef sur la fosse, *id est*, renonc
à la succession.

Cœur. Il a cela à cœur. *id est*, cela le touche.

Le cœur vous en dit-il, *id est*, en voulez-vous, en avez-vous envie ?

Il a pris cela à cœur, *id est*, cela l'a affligé.

A contre-cœur, *id est*, avec repugnance.

Contre-tems. Cela est venu à contre-tems, *id est*, mal à propos, on ne s'y attendoit pas.

Cou. D'abord qu'elle me vit elle me sauta au cou, *id est*, elle m'embrassa.

Couper court. Il faut couper court, *id est*, finir, abreger.

Couvrir la jouë. Il lui a couvert la jouë, *id est*, donné un soufflet.

Croc en jambe. Il faut lui donner un croc en jambe, *id est*, l'embarasser.

Crouftilleux. Il est crouftilleux, *id est*, il est plaisant, il est drole.

Défaire. Défaites-vous de cela, *id est*, corrigez-vous de cela, privez-vous en, ne croïez pas cela.

Diable. Faire le diable à quatre, *id est*, être en grande colere, faire le furieux.

Il fait le diable à quatre, *id est*, il casse tout, il brise tout.

C'est un diable en procés, *id est*, un rusé plaideur, un chicaneur.

Il se fait tenir à quatre, *id est*, il fait le furieux.

C'est un diable d'homme, *id est*, un méchant homme.

Dieu. A Dieu ne plaise, Dieu m'en garde, Dieu m'en preserve.

Dos. Il a bien du monde à dos, *id est*, il a beaucoup d'ennemis, il a à faire à beaucoup de persones.

Il a bon dos, *id est*, il a de quoi dépenser, il païera tout.

Dure. Coucher sur la dure, *id est*, à terre.

Il est dur, *id est*, qui ne ne craint point les coups d'épée.

Eau. Il est tout en eau, tout en nage, *id est*, en sueur.

Voila des perles d'une belle eau, *id est*, claires & nettes.

Cela lui fera venir l'eau à la boucho, *id est*, lui en donnera envie.

En l'air. Ce sont des paroles en l'air, *id est*, inutiles.

Emporte. Autant en emporte le vent ; *c'est ce que l'on dit d'une persone dont on ne craint point les menaces.*

Entendu. Vous faites bien l'entendu, *id est*, le brave.

Ne faites pas tant l'entendu, *id est*, ne vous vantez pas tant.

Entre. Entre la poire & le fromage, *id est*, sur la fin du repas ; aprés avoir beu.

Entre chien, & loup, *id est*, sur la brune.

Epargne. Il n'égargne persone, *id est*, il ne pardone à persone.

Ne m'épargnez pas, *id est*, disposez de moi.

Fagot. Cela sent le fagot, *id est*, merite d'être brulé par la main du boureau.

J'aime mieux la hare que le fagot, *id est*, j'aime mieux l'habit quo la persone.

Faire. Avoir à faire, *id est*, avoir besoin.

Je n'ai que faire de vous, *id est*, je n'ai pas besoin de vous.

Il n'a à faire de rien, *id est*, besoin de rien.

Avez-vous à faire de moi, *id est*, besoin.

Il aura à faire à moi, *id est*, je lui ferai voir qui je suis.

Il aura à faire de moi, *id est*, besoin de moi.

A qui croïez-vous avoir à faire ? *id est*, à qui croïez vous parler ?

Il faut lui faire piece, *id est*, tromperie, afront.

Il m'a fait piece, *id est*, il s'est mocqué de moi ou il m'a attrapé.

Faisons-lui piece , *id est* , attrapons le.

Je ne saurois qu'y faire , *id est* , je ne saurois y remedier . je ne m'en soucie pas.

Il ne fait que de sortir , *id est* , il vient de sortir.

Il ne fait que parler , *id est* , il parle toujours.

Il ne fait que rire , que boire , que manger , que dormir , *id est* , il rit , il boit toujours , à tout moment.

Combien faites vous votre drap ? *id est* , combien voulez-vous vendre ?

Elle est faite au tour , *id est* , bien faite.

Elle est faite à peindre , *id est* , tres-bien faite.

S'il vous trouve c'est fait de vous , *id est* , il vous tuëra.

S'en est fait , *id est* , tout est fini.

Il a fait son tems , *id est* , il est âgé.

Il me fait la mouë , la mine , la grimace , *id est* , il ne me voit pas volontiers.

Faute. Faute de païer , *id est* , pour n'avoir pas païé.

Il est mort faute de manger , *id est* , pour n'avoir pas mangé.

Faute de parler on meurt sans confession , *id est* , si on ne parle pas.

Fendre. Il gele à pierres fendre , *id est* , fortement.

Fond. Il est ruiné de fond en comble , *id est* , entierement.

Force. A force de coups , *id est* , avec bien des coups.

A force de prier , *id est* , aprés avoir bien prié.

A force d'argent , à force d'amis , *id est* , avec beaucoup d'argent , & d'amis.

Fortune. La fortune lui en veut , *id est* , lui est favorable.

La fortune ne m'en veut pas , *id est* , n'est pas pour moi.

I iiij

Contre fortune bon cœur , *id est* , malgré les dif-
graces il faut prendre courage.

Fripon. Voila ce que c'eſt d'être fripon. , *id eſt* ,
voila ce qui arrive quand on eſt fripon.

Gagner. Gagner aux pieds , *id eſt* , s'enfuir.

Ils ont gagné aux pieds , *id eſt* , ils ont pris la
fuite.

Gaguie. C'eſt une groſſe gaguie , *id eſt* , une fille
graſſe , bien faite.

Goutte. On ne voit goutte , *id eſt* , le tems , la
nuit eſt ſombre.

Je ne vois goutte , *id eſt* , je ne vois rien.

Il ne voit goutte , *id eſt* , il ne voit pas , il eſt
aveugle.

Ce mot goutte *n'eſt pas ſi uſité qu'il étoit autrefois.*

Graiſſer. Il faut lui graiſſer la patte , *id eſt* , lui
donner de l'argent.

Il a graiſſé la patte au Juge , *id eſt* , il l'a cor-
rompu.

Gré. Savoir bon gré , *id eſt* , être obligé.

Je vous ſai bon gré , *id eſt* , je vous ſuis obligé.

Il vous en ſaura mauvais gré , *id eſt* , il en ſera
fâché , vous le deſobligerez.

Homme. C'eſt un homme qui fait le monde , *id
eſt* , qui fait vivre.

C'eſt un petit bout d'homme , *id eſt* , un homme
fort petit.

Humeur. Son humeur ne me revient pas , *id eſt* ,
ne me plaît pas.

Joüer. Il joüe de ſon reſte , *id eſt* , il riſque tout,
il fait ſes derniers efforts.

Joüe. Il joüe bien ſon rôle , ſon perſonage , *id eſt*,
il fait bien ce qu'il fait.

Donner ſur la joüe , *id eſt* , un ſouflet.

Mettez vous en joüe , *id eſt* , en état de tirer.

Jeu. Il eſt piqué au jeu , *id eſt* , il y a part, il s'y
intereſſe.

Il s'eſt piqué au jeu, *id eſt*, il s'eſt fâché.

Langue. Il a la langue bien penduë, *id eſt*, il parle bien.

Il a la langue bien penduë, *id eſt*, il parle bien, vîte, il parle beaucoup.

Il faut prendre langue, *id eſt*, s'informer.

C'eſt une langue de chien, *id eſt*, un médiſant.

Main. Faire main baſſe, *id eſt*, fraper tuer tout.

Faites main baſſe, *id eſt*, tirez, tuez, n'épargnez perſone.

Les ennemis ſont aux mains, *id eſt*, ſe battent.

Je l'ai en main, *id eſt*, j'en ſuis le maître.

De longue main, *id eſt*, depuis long tems.

Mettre la derniere main, *id eſt*, achever, perfectioner.

Avoir les mains liées, *id eſt*, ne pouvoir pas.

Je le ferai haut à la main, *id eſt*, hardiment.

Les mains me demangent de, *id eſt*, j'ai envie de.

Il n'y va pas de main morte, *id eſt*, il y va rudement.

Malade. Il a l'eſprit malade, *id eſt*, il eſt un peu fou.

Mangeur. C'eſt un mangeur de Crucifix, *id eſt*, un bigot, un tartufe.

Maquignon. C'eſt un maquignon de chair humaine, *id eſt*, un enrôleur, un maquereau.

Marchand. Vous n'en ſerez pas bon marchand, *id eſt*, vous n'y trouverez pas votre compte.

Maſque. Il a levé le maſque, il a ſes hontes beuës, *id eſt*, il ne ſe ſoucie plus de l'honeur.

Meche. Découvrir la meche, *id eſt*, l'intrigue.

La meche eſt découverte, *id eſt*, l'affaire eſt découverte.

Bruler la meche par les deux bouts, *id eſt*, dépenſer mal à propos de part & d'autre.

Medaille. Il tourne la medaille, *id eſt*, il dit autrement, il change de theſe.

Menage. Il vit de menage , *id eſt* , il vend ſes meubles pour vivre

Mettre. Mettre à quia , *id eſt* , faire taire, confondre.

Mettre les fers au feu , *id eſt* , commencer.

Mettre le cœur au ventre , *id eſt* , encourager.

Merite. Il ſe fait un merite de médire , *id eſt* , il fait gloire.

Miſtere. Il en fait un miſtere , *id eſt* , un ſecret.

Mot. Je vous prens au mot , *id eſt* , j'accepte ce que vous dites.

J'ai été pris au mot , *id eſt* , on me l'a donné pour ce que j'en ai offert.

Il a toujours le mot pour rire, *id eſt* , il eſt plaiſant.

Dites-moi le dernier mot , *id eſt* , le juſte prix.

Il n'y a qu'un mot qui ſerve , *id eſt* , il faut dire, oüi, ou non

Moutarde. Tout le monde en va à la moutarde , *id eſt* , tout le monde le ſait , en parle.

Mouvemens. Vous vous êtes donné bien des mouvemens , *id eſt* , tourmenté , fatigué.

Nez. Il ſe laiſſe mener par le nez , *id eſt* , comme on veut , comme un ſot.

J'ai eu bon nez de n'y avoir pas été , *id.eſt* , j'ai bien fait de.

N'y mettez pas votre nez , *id eſt* , ne vous en melez pas.

Il me l'a rejetté au nez , *id eſt* , reproché.

Il a donné du nez en terre , *id eſt*. il n'a pas reuſſi.

Nœud. C'eſt un ris qui ne paſſe pas le nœud de la gorge , *id eſt* . c'eſt un ris forcé.

C'eſt le nœud de l'affaire . *id eſt* , la difficulté.

Note. Il faut changer de note , *id eſt* , de diſcours.

Oeil. Autant vous en pend à l'œil , *id eſt* , il vous en peut arriver autant.

Oreille. Il fait la ſourde oreille , *id eſt* , il fait ſemblant de ne pas entendre.

Os. Il ne fera pas vieux os , *id est*, il ne vivra pas long tems.

Elle a la peau colée fur les os, *id est*, elle eft maigre.

Pain. Je l'ai eu pour un morceau de pain , *id est*, prefque pour rien.

Faire perdre le goût du pain , *id est*, tuer.

C'eft du pain bien long , *id est* , il y a bien du tems d'ici là.

Païs. Je lui ferai bien voir du païs , *id est* , je lui donnerai bien de la peine, je le ferai bien courir deçà , & delà.

Paitre. Il faut l'envoïer paitre , *id est* , l'envoïer promener , le chaffer.

Palinodie. Je lui ferai chanter la palinodie , *id est*, je le ferai retracter.

Partie. Vous aurez à faire à forte partie , *id est* , à des gens puiffans , & d'autorité.

Pas. Marcher à pas de loup . *id est* , doucement.

Marcher à pas comptés , *id est*, gravement.

Paffer. Il faut le paffer maître , *id est* , il faut dîner fans lui.

Ne me laiffez rien paffer , *id est*, corrigez-moi.

Je ne vous laifferai rien paffer , *id est* , je vous corrigerai de toutes vos fautes.

C'eft un tour de paffe-paffe, *id est* , une fubtilité.

Pâte. C'eft une femme qui met les mains à la pâte , *id est* , une menagere qui fe mele de la cuifine.

Il eft de bonne pâte *id est* , de bonne complexion.

Peindre. C'eft pour l'achever de peindre , *id est* , pour achever de le ruiner.

Pendre. Pendre au croc, *id est*, abandonner.

C'eft une affaire penduë au croc , *id est*, on n'en parle plus.

Il a pendu fes livres au croc , *id est* , il n'étudie plus ; il ne lit plus.

Perdu. C'eft un homme perdu , *id est*, ruiné, ou mort.

Pied. Il est sur un bon pied, *id est*, bien dans ses affaires.

Il est sur le pied de Gentilhomme, *id est*, en qualité de Gentilhomme.

Quand on est sur le pied de menteur, *id est*, quand on passe pour menteur.

Je prends votre bague sur le pied de dix loüis, *id est*, pour le prix, à raison de.

Armé de pied en cape, *id est*, depuis les pieds jusques à la tête.

Faire des pieds de mouche, *id est*, écrire mal, grifonner.

J'en aurai pied, ou aîle, *id est*, quelque chose.

Cela est au pied de la lettre, *id est*, vrai comme je le dis.

Faire le pied de gruë, *id est*, la reverence.

Piquer. Il ne se pique de rien, *id est*, il ne se fâche de rien

Il se pique d'être honête homme, *id est*, il fait gloire d'être honête homme.

Planter. Je l'ai planté là, *id est*, abandoné.

Plein. Il est plein de lui même, *id est*, entêté de sa science.

Plier. Plier bagage, *id est*, s'en aller, s'enfuir.

Plume. Passer la plume par le bec, *id est*, tromper, ou faire entendre une chose pour une autre.

Il y laissera de ses plumes, *id est*, il lui en coûtera.

Poche. On n'achete pas un chat en poche, *id est*, il faut voir avant d'acheter

Point. Il sont tous chaussés au même point, *id est*, ils veulent tous la même chose.

Poire. Il faut garder une poire pour la soif, *id est*, garder quelque chose pour le besoin.

Poisson. Il est comme un poisson dans l'eau, *id est*, il est à son aise, il ne sauroit être mieux.

Les gros poissons mangent les petits, *id est*

les puiſſans accablent les pauvres.

Pot. Il faut faire un pot pourri de tout cela , *id eſt*, meſer tout enſemble , s'accorder.

Qu'eſt-il neceſſaire de tant tourner autour du pot ? *id eſt*, de tant biaiſer , de tant déguiſer l'affaire.

Il a découvert le pot aux roſes , *id eſt*, le ſecret.

Il eſt à pot & à rot avec lui , *id eſt*, ils vivent, & mangent enſemble.

Il en païera les pots caſſés , *id eſt*, le dommage , la perte.

Pouce. Il faut lui ſerrer les pouces, *id eſt*, le preſ-ſer de dire la verité.

Jouer du pouce, *id eſt*, compter de l'argent, païer.

Poudre. Jetter de la poudre aux yeux, *id eſt*, en-gager par de belles paroles , déguiſer la verité.

Je n'ai ni poudre , ni plomb , *id eſt*, ni petites , ni groſſes pieces.

Poulle. Il fait la poulle moüillée , *id eſt*, il man-que de cœur.

Poupe. Il a le vent en poupe, *id eſt*, il eſt heu-reux , tout lui reuſſit.

Poux. Il faut lui tâter le poux, *id eſt*, le pre-ſentir.

Prendre. C'eſt vouloir prendre la lune avec les dents , *id eſt*, vouloir l'impoſſible.

Il a pris cela à cœur, *id eſt*, cela l'a ſaiſi, l'a fâché.

Je vous prendrai en partie, *id eſt*, je m'attaquerai à vous.

Vous ne me prendrez pas pour dupe , *id eſt*, vous ne me tromperez pas.

Il a été pris pour dupe , *id eſt*, on l'a attrapé.

Bien vous en a pris , *id eſt*, vous avez bien fait,

Je m'en prends à vous , *id eſt*, je vous en accuſe.

Prêter. Prêtez-lui la main , *id eſt*, aidez-le.

Querelle. Faire une querelle d'Allemand , *id eſt*, attaquer ſans ſujet,

Qui pro quo. Il a fait un qui pro quo, *id eſt*, il a pris l'un pour l'autre.

C'eſt un je ne ſai qui, *id eſt*, un miſerable.

C'eſt une je ne ſai qui, *id eſt*, une gueuſe.

Quia. Reduire à quia, *id eſt*, à ne pouvoir plus répondre

Quinte Il lui prend des quintes, *id eſt*, des emportemens.

Quitte. Nous ſommes quitte, & quitte, *id eſt*, nous ne nous devons plus rien.

Quotidien. C'eſt ſon pain quotidien, *id eſt*, il le fait tous les jours.

Race Il chaſſe de race, *id eſt*, il fait comme ſon pere, & ſa mere

Racleur. C'eſt un racleur de boïaux, *id eſt*, un méchant joüeur de violon.

Racrocher. Il cherche à ſe racrocher avec lui, *id eſt*, à ſe remettre bien enſemble.

Rafle. Il a fait rafle, *id eſt*, il a tout emporté.

Raiſin. Moitié figue, moitié raiſin, *id eſt*, un peu de force, un peu par amitié.

Ramer. Il s'y entend comme à ramer des choux, *id eſt*, il n'y entend rien.

Ratte Il s'épanoüit la ratte, *id eſt*, il ſe ré oüit.

Rechercher. Il la recherche en mariage, *id eſt*, il la demande pour femme.

Revenir. C'eſt un homme qui ne me revient pas, *id eſt*, dont l'humeur ne me plaît pas.

Retordre. Je lui donnerai du fil à retordre, *id eſt*, je l'embaraſſerai bien.

Rime. Il n'a ni rime, ni raiſon, *id eſt*, il ne ſait ce qu'il dit.

Ronger. Il faut lui laiſſer ronger ſon frein, *id eſt*, le laiſſer pâtir.

Roüer Il l'a roüé de coups, *id eſt*, il l'a bien battu.

Routier. C'eſt un vieu routier, *id eſt*, il en ſait bien long.

Rubis. Il l'a fait païer rubis fur l'ongle, *id eft*, jufques au dernier double.

Ruës. Il en courre les ruës, *id eft*, il en eft fou.

Ruer. Les plus grands coups font rués, *id eft*, le plus fort en eft fait.

Sac. Il lui a donné fon fac, & fes quilles, *id eft*, il l'a chaffé, il l'a congedié.

L'affaire eft dans le fac, *id eft*, tout eft prêt.

Saigner. Il a faigné du nez, *id eft*, il a manqué de paroles.

Je me faignerai pour lui, *id eft*, je m'incommoderai.

Sauce. Il ne fait a quelle fauce manger ce poiffon, *id eft*, il ne fait comment s'y prendre.

Saoul. Ils mangent tout leur faoul, *id eft*, tant qu'ils veulent.

Sauter. Cela faute aux yeux, *id eft*, cela fe voit, eft vifible.

Sec. J'emploïerai le verd & le fec, *id eft*, je mettrai tout en ufage.

Sens. J'y mettrai tous mes cinq fens de nature, *id eft*, je ferai tous mes efforts.

Soupleffe. Il fait des tours de foupleffe, *id eft*, de fubtilité.

Talons. Il eft toûjours fur fes talons, *id eft*, il le fuit par tout.

Tapis. L'affaire eft fur le tapis, *id eft*, on en parle.

C'eft amufer le tapis, *id eft*, perdre le tems.

Tâter. Il n'en tâtera que d'une dent, *id eft*, il n'en goûtera pas.

Tenir. Il en tient, *id eft*, on l'a attrapé ; il a bû.

Il tient de fon pere, *id eft*, il lui reffemble.

Il ne tient pas à moi, *id eft*, je ne l'empêche pas.

Il ne tient qu'à vous, *id eft*, vous le pouvez fi vous voulez.

J'aime mieux un tient que deux tu l'auras, *id eft*, les effets que les promeffes.

Il tient à peu de choses, *id est*, peu s'en faut.

Vous vous tenez à peu de chose, *id est*, vous regardez à une bagatelle.

Une muraille qui ne tient à rien, *id est*, qui va tomber.

Il tient à de gros crochets, *id est*, attaché.

Tête. Il a des affaires par dessus la tête, *id est*, il est accablé d'affaires.

Il n'en fera qu'à sa tête, *id est*, qu'à sa fantaisie.

Il y va tête baissée, *id est*, hardiment.

Il ne sait ou donner de la tête, *id est*, que faire, que devenir.

Il est toûjours à la tête, *id est*, le premier.

On paie quinze sous par tête, *id est*, chacun quinze sous.

Il y va de cul & de tête comme une corneille qui abat des noix, *id est*, de toute sa force.

Tirer. Cela tire à la fin, *id est*, sera bien-tôt fini.

Nous tirons à la fin, *id est*, nous achevons.

Toisé. Voila qui est toisé, *id est*, fini, reglé.

Tort. Il faut le mettre dans son tort, *id est*, lui faire conoître qu'il n'a pas raison.

Tour. Sans le tour du bâton, *id est*, sans les profits secrets.

Tout net. Je lui ai dit tout net, *id est*, franchement.

Train. Je ne suis pas en train, *id est*, en humeur.

Menez-nous bon train, *id est*, vîte.

Transi. C'est un amant transi, *id est*, froid, timide.

Troc. Changeons troc, pour troc, *id est*, sans retour.

Trofée. Il en fait trofée, *id est*, il s'en glorifie.

Trouver. Trouvez bon que, *id est*, agreez.

Ne trouvez pas mauvais, *id est*, ne soiez pas fâché.

Sans que l'on puisse le trouver mauvais, *id est*, s'en fâcher.

Tuer. Il se tuë de dire, *id est*, il dit, il repete souvent.

Turc. Ils se sont traités de Turc à Maure, *id est*, sans discretion, sans quartier.

Vache. Il a mangé de la vache enragée, *id est*, il a pâti.

Il en fait une vache à lait, *id est*, il en tire tout ce qu'il veut.

Valoir. C'est un rien qui vaille, *id est*, qui ne vaut rien, un fripon

Vaille, qui vaille, *id est*, comme il est, bon ou mauvais.

Vendange Il prêche toûjours sur la vendange, *id est*, il ne parle que de boire.

Vous prêchez trop sur la vendange ; *c'est ce que l'on dit à un homme qui aïant le verre en main parle, & ne boit pas.*

Venir. Vous en viendrez à votre honneur, *id est*, vous y reussirez.

Vous n'en viendrez pas à bout, *id est*, vous n'y reussirez pas.

Il vient de sortir, *id est*, Il n'y a qu'un moment qu'il est sorti.

Il est venu à point nommé, *id est*, justement au tems qu'il faloit.

Venuë. Elle est toute d'une venuë, *id est*, une grande élancée, qui a la taille aussi grosse en haut qu'en bas.

Veuë. A perte de veuë, *id est*, autant que la veuë peut porter.

Elle lui a donné dans la veuë, *id est*, elle lui a touché le cœur.

Vif argent. Il a du vif argent dans la tête, *id est*, il est un peu fou.

Vilain. C'est un vilain ladre, *id est*, un avaricieux.

Visage. Il est à deux visages , *id est*, fourbe.

Voici. Le voici , le voila , *id est*, il est changeant.

Volée. Une volée de coups de bâton , *id est*, des coups de bâton.

Voler. Il tire en volant , *id est*, c'est un hableur.

User. Il en a fort bien usé avec moi , *id est* , agi.

Il en a mal usé , *id est*, mal agi.

Yeux. Il a les yeux bandés , *id est*, il ignore ce qu'il voit.

Il lui fait les yeux doux , *id est*, il cherche à lui faire conoître qu'il l'aime.

Regarder entre deux yeux , *id est*, fixement.

Zero. C'est un zero , *id est*, il est compté pour rien.

Zest. Je n'en donnerois pas un zest , *id est*, rien du tout.

RECUEIL

DES NOMS PLUS NECESSAIRES.

Par *VENERONI.*

Du pain.	du seigle.
de l'eau.	de l'orge.
de la viande.	de l'avoine.
du poisson.	de la farine.
un morceau de pain.	de la pâte.
une croutte de pain.	du son.
de la mie.	du vin.
du pain tendre.	du vin vieu.
du pain rassi.	du vin nouveau.
du bled.	de la bierre.

du cidre.   une fauce
de l eau de vie.   uh ragoût.
de la viande.   une fricaffée.
du boüilli.   de la falade.
du rôti.   du fromage.
un pâté.   des fruits.
des petits pâtés.   du deffert.
une tranche de pâté.   la faim.
une foupe.   la foif.
un boüillon.   l'apetit.

Le Couvert de la Table.

La table.   un verre.
a nappe.   une taffe.
une ferviette.   un gobelet.
un couteau.   une foucoupe.
une fourchette.   une jatte.
une cüillere.   un faladier.
une affiette.   une écuelle.
un plat.   une fauc ere.
une faliere.   un couvert.
un vinaigrier.   un fervice.
un fucrier.   une corbeille.
un chandelier.   une bouteille.
une chandele.   un demi feptier.
les mouchettes.   une chopine.
un porte-mouchettes.   une pinte.
un rechaud.   un flacon.
un baffin.   une carafe.
un pot à l'eau.   une chaife.
une aiguiere.   un fauteüil.
une cuvette.   un peroquet.

Pour le Boüilli.

Du bœuf.   du veau.

un jaret de veau.   une poule.
du mouton.   un coq.

Pour les Entrées.

Un hachis.   un jambon.
un ragoût   des saucisses.
une fricassée.   du boudin blanc.
des beatilles.   un saucisson.
des ris de veau.   des cotelettes.
des andoüillettes.   un melon.
une tourte.   des raves.

Pour le Rôti.

Un chapon.   un canard.
des poulets.   une oie.
une poularde.   un oison.
des pigeons.   un oiseau de riviere.
des pigeonneaux.   un lapin.
une becasse.   un lievre.
une becassine.   un cochon de lait.
une perdrix.   un marcassin
une grive.   un quartier d'agneau.
une aloüette.   une épaule.
un faisan.   une éclanche.
un dindon.   un aloiau.
un poulet d'Inde.   du gibier.
une caille.

Pour assaisonner les viandes.

Du sel.   de l'huile.
du poivre.   du vinaigre.
du cloud de girofle.   du verjus.
de la muscade.   de la moutarde.
de la canelle.   des capes.

du laurier.
du persil.
de l'oignon.
de la ciboule.
de l'ail.
des échalottes.
des rocamboles.

des champignons.
des morilles.
des truffles.
du lard.
des oranges.
des citrons.
des œufs.

Pour la Salade.

Des herbes.
de la laituë.
de la chicorée.
du selleri.
du pourpier.
de la pinpernelle.
du beaume.

du cerfeüil.
du cresson.
des maches.
des concombres.
des cornichons.
des beteraves.
des olives.

Pour les jours maigres.

Du beurre.
du lait.
de la crême.
une sole.
une vive.
une esturgeon.
des œufs.
des œufs à la coque.
des œufs pochés.
des œufs au lait.
des œufs au verjus.
des œufs à la trippe.
des œufs au miroir.
des œufs durs.
une omelette.
du poisson.
une carpe.

un brochet.
une tanche.
une truite.
une anguille.
des écrevisses.
un harang.
des anchois.
du saumon.
de la moluë.
des macquereaux.
des huitres.
des pois.
des feves.
des lentilles.
des asperges.
des artichauds.
des cardes.

des épinards.   des choux-fleurs.
des choux.   du ris.

Pour le Deſſert.

Une pomme.   du muſcat.
une poire.   des noix.
un abricot.   des noiſettes.
une pêche.   des amandes.
des ceriſes.   des marons.
des bigarreaux.   des chataignes.
des fraiſes.   des meures.
des framboiſes.   des nefles.
des groſeilles.   des cormes.
des grenades.   des échaudées.
une orange de Portugal.   des confitures.
une bigarade.   des confitures ſeches.
une tarte.   des confitures liquides,
du biſcuit.   de l'écorce de citron.
du maſſepain.   de l'orangeade.
des bignets.   des noix confites.
un gâteau d'amande.   des dragées
des oublies.   de l'anis de verdun.
des figues.   du café.
des prunes.   du thé.
des raiſins.   du chocolat.

Du Tems, & des Saiſons.

Le jour.   une ſemaine.
la nuit.   quinze jours.
le matin.   trois ſemaines.
le ſoir.   un mois.
tard.   un an, une année.
de bonne heure.   un ſiecle.
ce matin.   un moment.
ce ſoir,   une minutte.

un demi quart d'heure. | à midi.
un quart d'heure. | à minuit.
une demie heure. | le Printems.
trois quarts d'heure. | l'Eté
une heure. | l'Automne.
hier. | l'Hiver.
avant hier. | la moiſſon.
aujourd'hui. | la recolte.
demain | les vendanges.
aprés demain. | jour ouvrier.
cette nuit. | jour de fête.
avant dîné. | l'Orient.
aprés dîné. | l'Occident.
avant ſoupé. | le Midi.
aprés ſoupé. | le Septentrion , le Nord.

Des jours de la Semaine.

Lundi. | Jeudi.
Mardi | Vendredi.
Mécredi. | Samedi.
| Dimanche.

Les Mois.

Janvier. | Juillet.
Février. | Aout
Mars. | Septembre.
Avril. | Octobre
Mai. | Novembre.
Juin. | Decembre.

Du Ciel , & des Elemens.

Dieu. | la Trinité.
Jeſus-Chriſt. | la Vierge.
le Saint Eſprit. | les Arc-anges.

les Anges.
les Saints.
les Saintes.
les Bienheureux.
les Bienheureuses.
le Ciel.
le Firmament.
le Paradis.
le Soleil.
la Lune.
les Planettes.
les Etoiles.
les raïons.
l'air.
le vent.
la pluie.
la grêle.
le tonnere.
les éclairs.

la foudre.
les nuages.
le brouillard.
la glace.
la neige.
la gelee.
la rosée.
le tremblement de terre.
la mer.
la riviere.
le fleuve.
le ruisseau.
la terre.
les antipodes.
l'Enfer
les Diables.
le Purgatoire.
le feu
la flamme.

Des Parties du Corps.

La tête.
le visage.
le front.
l'œil.
les yeux.
les sourcils.
les paupieres.
la prunelle.
les oreilles.
les cheveux.
les temples.
le crâne.
les joües.
le nez.
les narines.

le poil.
la barbe.
les fesses.
le cul.
les cuisses.
les genoux.
la jambe.
le gras de la jambe.
la cheville du pie.
le coup de pied.
le talon.
le cerveau.
la cervelle.
le sang.
les veines.

les arteres.	le nombril.
les mufcles.	le bas ventre.
les nerfs.	les os.
les côtes.	la peau.
les mouftaches.	le gozier.
la bouche.	le cœur.
les dents.	le foie.
une dent.	le poulmon.
la langue.	les reins.
les lévres.	les entrailles.
le palais.	les boïaux.
la gencive.	la veffie.
le menton.	le fiel.
le cou.	la falive.
la gorge.	le crachat.
les tétons.	la fueur.
le dos.	l'haleine.
les épaules.	la voix.
le bras.	la parole.
le coude.	le foûpir.
le poing.	la veuë.
le poignet.	l'oüie.
la main.	l'odorat.
le doigt.	le goût.
les ongles.	le fentiment.
le pouce.	la toux.
le poux.	le rhume.
l'eftomach.	l'air.
la poitrine.	le port.
le ventre.	l'embonpoint.

Ce qu'il faut pour s'habiller.

Un habit,	une perruque.
un chapeau.	une cravatte.
les bords du chapeau.	un rabat.
un cordon.	un manteau.

K

un juſt-au-corps.	une camiſole.
une ſotane.	une chemiſette.
une ſotanelle.	une veſte.
un ſur-tout.	la manche.
un pourpoint.	les manchettes.
une culotte.	un bonnet.
un haut de chauſſes.	une calotte.
un caleçon.	une robe de chambre.
des bas.	la doublure.
des chauſſettes.	la poche.
des chauſſons.	le gouſſet, la pochette.
des ſouliers.	la ceinture.
des mules, des pantoufles.	du drap.
une chemiſe.	de l'étoffe.

Avec l'habit il faut

Du ruban.	de la frange.
des dentelles.	des gands.
un plumet.	du linge.
des boutons.	une cravatte.
des boutonnieres.	un mouchoir.
des heures.	des jartieres.
un chapelet.	un peigne.
une montre.	une bague.
un manchon.	des tablettes.
des boucles.	du galon.

Pour monter à cheval.

Une épée.	le bout.
la lame.	le ceinturon.
la garde.	le baudrier.
la branche.	les piſtolets.
le pommeau.	la bride.
le foureau.	la ſelle.
le crochet.	les étriers.

foüet.
gaule.
s bottes.
genoüilliere.
tige.
s éprons.
s molettes.

le talon.
la femelle.
une courroie.
des ſangles.
la croupiere.
le poitral.
l'arſon.

Pour les femmes.

Une robbe.
ne juppe.
n peignoir.
n éventail.
n manteau.
n corſet.
n corps de robe.
coëffe.
coëffure.
bourlet.
s cornettes.
e fontange.
ne aiguille de tête.
s pendans d'oreilles.
friſons.
fard.
mouches.
la poudre.
colier.
maſque.
voile
écharpe.
tour de col.

une palatine.
un lacet.
un buſc.
des bracelets.
la toilette.
le miroir.
des épingles.
un peloton.
des aiguilles.
un étui.
des ciſeaux.
un dez.
du fil.
de la ſoie.
de la laine.
une boëtte.
des pierreries.
un bijou.
un diamant.
une quenoüille.
un fuſeau.
de l'empois.
du ſavon.

Des degrés de parenté.

Le pere.
la mere.

K ij

le mari.
la femme.
le grand-pere.
la grande mere.
l'aieul.
l'aïcule.
le fils.
la fille.
le frere.
la sœur.
l'aîné.
le cadet.
l'oncle.
la tante.
le neveu.
la niece.
le cousin germain.
la cousine germaine.
le beau-frere.
la belle-sœur.
le beau-pere.
la belle-mere.
le gendre.

la bru.
frere de pere.
frere de mere.
un bâtard.
le compere.
la commere.
le filleul.
la filleule.
le parain.
la maraine.
l'accouchée.
la nourisse.
le nourisson.
la sage-femme.
le parent.
la parente.
l'ami.
l'amie.
le veuf.
la veuve.
l'heritier.
l'heritiere.
un pupille.

Des états de l'homme, & de la femme

Un homme âgé.
une femme âgée.
le maître.
la maîtresse.
un vieillard.
une vieille.
un jeune homme.
une jeune femme.
un petit enfant.
un petit garçon.
une petite fille.

une pucelle.
le valet.
la servante.
un bourgeois.
un païsan.
un étranger.
un honête homme.
un fripon.
un filou, un voleur.

Des Dignités Ecclesiastiques.

Le Pape.
un Cardinal.
un Patriarche.
un Archevêque.
un Evêque.
un Legat.
un Vicelegat.
un Nonce.
un Prelat.
un Abbé.
une Abbesse.
un Commandeur.
un Prieur.
un Sous-Prieur.
un Gardien.
un General.
un Vicaire General.
un Provincial.
un Definiteur.

un Grand Vicaire.
un Doïen
un Archidiacre.
un Chanoine.
un Archiprêtre.
un Prêtre.
un Chapelain.
un Aumônier.
un Curé.
un Predicateur.
un Confesseur.
un Diacre.
un Soûdiacre.
un Acolite.
un Sacristin.
un Clerc.
un Enfant de Chœur.
un Marguillier.
un Bedaut.

Des Dignités temporelles.

L'Empereur.
l'Imperatrice.
le Roi.
la Reine.
le Baron.
la Baronne.
l'Ambassadeur.
l'Ambassadrice.
le Daufin.
la Daufine.
le Prince.
la Princesse.

le Duc.
la Duchesse.
le Grand Ecuïer.
le Comte.
la Comtesse.
le Vicomte.
le Grand Veneur.
l'Envoïé.
le Resident.
l'Agent.
le Gouverneur.
la Gouvernante.

un Miniſtre.   un Secretaire.
un Introducteur.

Charges, & Offices de Juſtice.

Le Chancelier.   le Prevôt.
Miniſtre d'Etat.   le Prevôt des Marchand.
Secretaire d'Etat.   le Prevôt des Bandes.
l'Intendant.   le Prevôt des Archers.
le Treſorier.   l'Avocat.
le Preſident.   le Procureur.
Conſeiller   Procureur Fiſcal.
Maître des Comptes.   le Notaire.
Maître des Requêtes.   le Greffier.
Lieutenant General.   le Solliciteur.
Lieutenant Civil.   le Clerc.
Lieutenant Criminel.   le Copiſte.
Lieuten. de Robe Courte.   le Plaideur.
Lieutenant Particulier.   l'Huiſſier.
l'Avocat General.   le Sergent.
le Subſtitut.   l'Archer.
le Commiſſaire.   le Geolier.
le Bailli.   le Priſonnier.

Des Officiers de Guerre.

Le Generaliſſime.   Aide Major.
le General.   Gouverneur.
un Maréchal de France.   Commandant.
Inſpecteur general.   Lieutenant de Roi.
Lieutenant General.   Capitaine des Portes.
Maréchal de Camp.   Ingenieur.
Brigadier.   Capitaine.
Colonel.   Lieutenant.
Meſtre de Camp.   Sous-Lieutenant.
Aide de Camp.   le Cornette.
Major.   l'Enſeigne.

Maréchal des Logis.	un Gend'arme.
Sergent.	un Garde du Corps.
Fourier.	le Mousquetaire.
Caporal.	le trompette.
Anspesade.	le tambour.
le cavalier.	le fifre.
le soldat.	la sentinelle.
le fantassin.	une vedette.
le dragon.	la ronde.
le cuirassier.	la patroüille.
le grenadier.	l'espion.
le Commissaire.	un canonier.
le Chevau-leger.	le mineur.

De l'Armée.

L'armée de terre.	le bagage.
armée navale.	le canon.
le camp.	l'artillerie.
le corps de bataille.	un affut.
l'avant-garde.	un chariot.
l'arriere-garde.	un fourgon.
le corps de reserve.	une charette.
le camp volant.	un caisson.
l'aile droite.	le fourage.
l'aile gauche.	les vivres.
les lignes.	les tentes.
la cavalerie.	le pavillon.
l'infanterie.	les casernes.
un escadron.	un regiment.
un bataillon.	une compagnie.
un parti.	la garnison.
le premier rang.	une escorte.
le second rang.	un vivandier.

Des Fortifications.

La ville.	la citadelle.

K iiij

le fort.	un gabion.
une contremine.	une mine.
une tour.	le glacis.
le parapet.	le rempart.
la fortereſſe.	une platte forme.
le château.	un cavalier.
la muraille.	un baſtion.
les creneaux.	l'ouvrage à corne.
les foſſés.	un fer à cheval.
la contreſcarpe.	la place d'armes.
la paliſſade.	le ſiege.
le chemin couvert.	la capitulation.
la courtine.	le ſecours.
la demie lune.	une ſortie.
la caſematte,	un aſſaut.
une redoute.	une treve.
la tranchée.	une ſuſpenſion d'armes

Profeſſions, & Métiers.

Un IMPRIMEUR.	un Chaircuitier.
un Medecin.	un Boucher.
un Chirurgien.	un Cabaretier.
un Apoticaire.	un Marchand.
un Barbier.	un Tailleur.
un Perruquier.	un Chapelier.
un Boulanger.	un Cordonnier.
un Charron.	un Savetier.
un Tourneur.	un Mercier.
un Laïttier.	un Brodeur.
un Ebeniſte.	un Fourbiſſeur.
un Bahutier.	un Ceinturier.
un Maſſon.	un Sellier.
un Architecte.	un Epronnier.
un Patiſſier.	un Maréchal.
un Cuiſinier.	un Graveur.
un Rotiſſeur.	un Sculteur.

un Peintre.	un Vitrier.
un Menuisier.	un Libraire.
un Charpentier.	un Relieur.
un Serrurier.	un Chandelier.
un Taillandier.	un Epicier.
un Forgeron.	un Vinaigrier.
un Orfévre.	une Lingere.
un Horlogeur.	un Corroieur.
un Tapissier.	un Tanneur.
un Fripier.	un Tabletier.
un Gantier.	un Quincailler.
un Bonnetier.	un Chaudronnier.
un Musicien.	un Crocheteur.

Des Officiers de Maison.

Le maître.	le secretaire.
la maîtresse.	l'échanson.
le valet.	le sommelier.
la servante.	le buffetier.
le valet de pied.	le maître d'hôtel.
le laquais.	l'aumônier.
le cocher.	le gentilhomme.
le postillon.	l'intendant.
le palfrenier.	le cuisinier.
le page.	le marmiton.
l'écuier.	le jardinier.
le valet de chambre.	le vigneron.
la fille de chambre.	le portier.

Des perfections & imperfections de l'homme.

Beau.	posé.
bon.	agreable.
riche.	doux.
sage.	noble.
savant.	diligent.

K

laid.	voleur.
méchant.	bourreau.
pauvre.	vagabond.
fou.	maquereau.
ignorant.	forcier.
étourdi.	petit.
ennuïant.	malfait.
rude.	fale , dégoûtant.
roturier.	haï.
pareffeux.	gourmand.
grand.	fripon.
bienfait.	aveugle.
propre.	bigle.
aimé.	boiteux.
fobre.	gaucher.
honête homme.	chauve.
borgne.	muet.
louche.	baveux.
boffu.	nigaud.
eftropié.	larron.
manchot.	affaffin.
fourd.	faineant.
begue.	magicien.
niais.	

Accidens , & maladies.

Le bonheur.	la goutte.
le hazard.	la rougeole.
le malade.	la verole.
la fiévre.	le rhume.
le malheur.	la toux.
la fortune.	la gratelle.
la maladie.	la demangeaifon.
le friffon.	une dartre.
la fiévre tierce.	la boue.
la bleffure.	la pierre.

la boſſe.
une égratignure.
une chute.
une chiquenaude.
un coup de poing.
un coup d'épée.
une foibleſſe.
une ſueur froide.
la fiévre quarte.
la plaie.
la colique.
la petite verole.
la peſte.
le catarre.

le cours de ventre.
la galle.
les écroüelles.
une apoſtume.
le pus.
la gravelle.
la tumeur.
une écorchure.
une fauſſe couche.
un ſoufflet.
un coup de pied.
un coup de piſtolet.
un évanoüiſſement.
la mort.

Pour étudier.

Un livre.
une page.
un feüillet.
un cahier.
une plume.
l'écritoire.
la poudre.
la lettre.
la cire d'Eſpagne.
les tablettes.
le craïon.

le bureau.
la lecture.
de l'encre.
le canif.
le poudrier.
le billet.
le cachet.
le parchemin.
le compas.
le tiroir.
l'écriture.

Des Inſtrumens de Muſique.

Un violon.
une flute.
un haut-bois.
un luth.
un angelique.
une trompette.

une orgue.
une épinette.
un timbale.
une viole.
un flageolet.
une muſette.

une guitarre.   un claveſſin.
un pſalterium.   une harpe.
un tambour.   un tambour de baſque.

Des parties de la maiſon.

la maiſon.   la grange.
la porte.   le colombier.
la chambre.   l'évier.
le palais.   les chaſſis.
la fenêtre.   les volets.
l'antichambre.   le puits.
les vitres.   le caveau.
les panneaux.   les degrés.
la cour.   les tuiles.
la cave.   le ſalon.
l'eſcalier.   le veſtibule.
le toit   le donjon.
la ſalle.   la dépence.
le cabinet.   ſecond appartement.
le grenier.   la goutiere.
la cuiſine.   la cheminée.
premier appartement.   la brique.
la terraſſe.   le plafond.
le mur.   la remiſe.
les carreaux.   le fourneau.
le plancher.   la ſolive.
l'écurie.   la fontaine.
le four.   la chaux.
la poutre.   le poulailler.
le jardin.   la voliere.
le plâtre.   les lieux.

Des meubles de la chambre.

La tapiſſerie.   le matelas.
le lit.   la couverture

es rideaux.
le ciel du lit.
la paillasse.
le chevet.
l'oreiller.
les tringles.
le bois de lit.
la bassinoire.
le pot de chambre.
le tableau.
la bordure.
la chaise.
la table.
le gueridon.
le coffre.
le miroir.
les draps.

le lit de plume.
la courte pointe.
la bonne grace.
le dossier.
le traversin.
la ruelle du lit.
les anneaux.
les visses.
la chaise percée.
le bassin.
le portrait.
la pendule.
le fauteüil.
le tapis.
le paravent.
la cassette.

De ce qui dépend de la cheminée.

La pelle.
les tenailles.
le soufflet.
les pincettes.
les chenets.
la plaque.
le feu.
le charbon.
le bois.
le tison.
le cotret.
des allumettes.
la pierre à fusil.
le tuïau.

la cendre.
la garniture.
un vase.
la flamme.
la braise.
la buche.
le charbon.
le fagot.
un fusil.
la meche.
la suie.
la fumée.
la porcelaine.
une urne.

De la cuisine.

Le pot.

la broche.

le chaudron.	l'écumoire.
la poële.	la paffoire.
le gris.	la cremilliere.
la cuillere à pot.	l'égrugeoir.
la fourchette.	le pilon.
le croc.	la terrine.
la tourtiere.	la poulie.
le mortier.	un réchaud.
le fceau.	le fourneau.
la corde.	le balai.
la marmite.	le torchon.
le tourne-broche.	une chaufrette.
la chaudiere.	le couprot.
le poëlon.	la ratiffoir.
le trépied.	la lavette.

Ce que l'on trouve dans la cave.

Un tonneau.	un baril.
La fontaine.	le bondon.
un entonnoir.	la broche du tonneau.
un foret.	un fauffet.
une douve.	un cerceau.
le vin.	la bierre.
le cidre.	l'hipocras.
vin vieu.	vin nouveau.
la lie.	le marteau.

De la porte.

La ferrure.	la clef.
le verroüil.	la barre.
la gache.	les gonds.
le pene.	le locquet.
les gardes.	le paffe-par-tout.
la fonnette.	le marteau.

De l'écurie.

Le foin.	le fumier.
l'avoine.	la cheville.
la paille.	le ratelier.
le son.	le peigne.
l'auge.	le crible.
l'étrille.	la litiere.
le picotin.	le cloud.

Du jardin.

Un parterre.	une couche.
un espalier.	une treille.
des fruits.	des fleurs.
un arbre.	une branche.
un bois.	un bosquet.
une allée.	un jet d'eau.
un buisson.	un berceau.
une pepiniere.	une serre.

Des fleurs.

Une rose.	une tulippe.
un jassemin.	une anemone.
une jonquille.	une giroflée.
un lis.	un pavot.
de la violette.	un œillet.
un laurier rose.	une tubereuse.

Des arbres fruitiers, & autres.

Un pommier.	un olivier.
un prunier.	un figuier.
un noïer.	un fraisier.
un abricotier.	un grenadier.

un citronnier.   un amandier.
un maronnier.   un cormier.
un chêne.   un framboisier.
un orme.   un oranger.
un acasias.   un grosolier.
un poirier.   la vigne.
un cerisier.   un sapin.
un meurier.   un hetre.
un pecher.   un buis.

Ce que l'on voit dans la ville.

Le pont.   les ruës.
la porte.   le marché.
l'églife.   la halle.
le clocher.   la foire.
les cloches.   la place d'armes.
le Convent.   la boutique.
la Paroiffe.   le bourgeois.
la Cathedrale.   les habitans.

Ce que l'on voit dans la campagne.

Le chemin.   de l'avoine.
le grand chemin.   des vignes.
un fentier.   un moulin.
une plaine.   une prairie.
un valon.   une riviere.
une montagne.   un ruiffeau.
une colline.   un château.
un bois.   un lac.
une forêt.   un étang.
une haie.   un batteau.
un buiffon.   une barque.
du bled.   un rocher.
de l'orge.   un marais.
du feigle.   un bourbier.

un village. une hôtellerie.
un bourg. une masure.

Des Fêtes de l'Année.

Le premier jour de l'an. Pâques.
la Circoncision. la Quasimodo.
le jour des Rois. la Pentecôte.
la Chandeleur. l'Ascension.
la Purification. la Fête Dieu.
le Carnaval. la Trinité.
le Carême. la saint Jean.
les Quatre Tems. l'Assomption.
la Semaine Sainte. la Toussaint.
le Vendredi Saint. Noël.

Des Ordres de Religieux.

Les Capucins. les Peres de l'Oratoire.
les Recolets. un Moine.
les Piquepuces. un Religieux.
les Cordeliers. une Religieuse.
les Jesuites. les Capucines.
les Augustins. les Recolettes.
les Jacobins. les Ursulines.
les Maturins. les Benedictines.
les Minimes. les Sœurs de la Congrega-
les Carmes.   tion.
les Bernardins. de la Visitation.
les Camaldules. de l'Assomption.
les Celestins. de la Conception.
les Benedictins. de l'Hôtel-Dieu.
les Chartreux. Frere André.
les Feüillans. Frere Pierre.
les Chanoines Reguliers. Sœur Marie.
les Prémontrés. la Tourriere.

Des oiseaux.

Un oiseau.
un petit oiseau.
une aigle.
un cigne
une autruche.
un heron,
un chardonneret.
une linotte.
un ferin de Canarie.
une aloüette.
un cochevis.
un tarin.
un roffignol.
un roitelet.
une mefange.

une grive.
un fanfonnet.
un pinçon.
un moineau.
un merle.
une pie.
un geai.
un tourtereau.
une tourterelle.
une hirondelle.
une caille.
une fauvette.
un peroquet.
un corbeau.
une cage.

Des animaux à quatre pieds.

Un chien.
un petit chien.
une petite chienne.
un épagneul.
un levrier.
un chien couchant.
un chat, une chatte.
une fouris.
un rat.
une taupe.
un finge.
une brebis.
une chevre.

un mouton.
un cochon, une truie.
un renard.
un loup.
un taureau, une vache.
un mulet, une mule.
un cheval, une cavale.
un chameau.
un chamois.
un élefant.
un lion.
un leopard.
un tigre.

Des reptiles, & insectes.

Un serpent.	un ver.
une vipere.	un papillon.
un crapaut.	une mouche.
une grenoüille.	un thaon.
un lezard.	un cousin.
un limaçon.	un poux.
un scorpion.	une puce.
un escargot.	une punaise.
une chenille.	une lente.
une aragnée.	un morpion.
une fourmis.	une cigale.
une sauterelle.	une abeille.

Des couleurs.

Le blanc.	l'incarnat.
le noir.	le ponceau.
le rouge.	le cramoisi.
le verd.	le minime.
le bleu.	le feüille-morte.
le jaune.	la couleur de paille.
le gris.	la couleur d'olive.
le gris-de-lin.	le brun.

Des metaux.

L'or.	le bronze.
l'argent.	l'airain.
le cuivre.	le plomb.
le laiton.	le fer.
l'étain.	le ver-de-gris.
le vif argent.	le soufre.
l'aimant.	le verre.
le fer blanc.	l'acier.

RECUEIL
Des Nations.

L'Italien.	l'Italie.
l'Alemand.	l'Alemagne.
le François.	la France.
l'Espagnol.	l'Espagne.
le Portugais.	le Portugal.
l'Anglois.	l'Angleterre.
Ecossois.	Ecosse.
Irlandois.	Irlande.
Holandois.	Holande.
Flamand.	Flandre.
Danois.	Danemarc.
Suedois.	Suede.
Polonois.	Pologne.
Hongrois.	Hongrie.
Turc.	Turquie.
Tartare.	Tartarie.
Moscovite.	Moscovie.
Maltois.	Malte.
un Suisse.	la Suisse.
Lorrain.	Lorraine.
Bourguignon.	Bourgogne.

Des jeux.

La paume.	aux échets.
le billard.	au petit palet.
joüer aux dez.	aux boules.
aux cartes.	aux quilles.
au piquet.	au cochonnet.
à l'ombre.	au volant
à la bassette.	à colin-maillard.
à la bête.	à l'oie.
au lansquenet.	à la morre.
au berlan.	à la culbute.
au Trictrac.	à la scarpolette.
aux dames.	à la cligne-musette.

RECUEIL
DES VERBES
LES PLUS NECESSAIRES,
Par le Sieur DE VENERONI.

Pour la table.

Manger.	s'asseoir.
boire.	couper.
macher.	rincer les verres.
avaler.	laver les verres.
digerer.	donner.
déjeuner.	prendre.
dîner.	s'enivrer.
gouter.	se saouler.
faire colation.	boire à la santé.
souper.	choquer le verre.

Pour s'habiller.

S'habiller.	se poudrer.
se deshabiller.	se friser.
se boutonner.	se peigner.
se botter.	se farder.
se debotter.	se mirer.
se chauffer.	se laver les mains.
se déchauffer.	se faire la barbe.
mettre son chapeau.	coudre.
se coëffer.	découdre.

Pour le lever, & le coucher.

S'éveiller.	se reposer.
se lever.	songer.
se coucher.	rêver.
s'endormir.	ronfler.
dormir.	veiller.

Pour le discours.

Parler.	raisonner.
prononcer.	causer.
accentuer.	jaser.
ouvrir la bouche.	crier.
fermer la bouche.	se taire.
dire.	appeller.
proferer.	répondre.
repeter.	bégaier.
enseigner.	lire.
dicter.	épeler.

Pour l'étude.

Etudier.	mettre le dessus.
aprendre.	effacer.
aprendre par cœur.	corriger.
se souvenir.	traduire.
oublier.	commencer.
écrire.	continuer.
signer.	achever.
plier.	reciter.
cacheter.	comprendre.

Pour les exercices.

Monter à cheval.	faire des armes.

danfer.	gagner.
fauter.	perdre.
avancer.	gager.
reculer.	mêler les cartes.
fe tenir droit.	couper.
fe pancher.	être quitte.
fe tourner.	fe divertir.
s'arrêter.	fe promener.
joüer.	fe réjoüir.

Pour les actions de mouvement.

Aller.	s'approcher.
venir.	retourner.
marcher.	revenir.
refter.	arriver.
avancer.	entrer.
demeurer.	fortir.
courir.	monter.
fuivre.	defcendre.
fuir.	s'amufer.
échaper.	s'affeoir.
partir.	tomber.
reculer.	glifler.
s'éloigner.	

Actions de memoire, & d'imagination.

Se fouvenir.	foupçonner.
oublier.	obferver.
penfer.	prendre garde.
rêver.	connoître.
s'imaginer.	defirer.
fe perfuader.	fouhaiter.
fe figurer.	efperer.
croire.	craindre.
douter.	avoir peur.

aſſurer.	s'entêter.
proteſter.	s'obſtiner.
jurer.	s'emporter.
affirmer.	s'embroüiller.
conclure.	perdre la tramontane.
reſoudre.	ignorer.
feindre.	retenir.

Actions ordinaires à l'homme.

Parler.	marcher.
ſe taire.	s'arrêter.
rire.	cracher.
pleurer.	ſe moucher.
ſe plaindre.	ſaigner.
ſoûpirer.	ſuer.
ſe réjoüir.	trembler.
gemir.	enfler.
éternuer.	touſſer.
bâiller.	être enrhumé.
ſoufler.	regarder.
ſifler.	pincer.
écouter.	grater.
fleurer.	chatoüiller.

Actions d'amour.

Aimer.	enſeigner.
careſſer.	nourrir.
flater.	corriger.
faire amitié.	benir.
embraſſer.	loüer.
baiſer.	donner.
ſaluer.	proteger.
pardonner.	défendre.

Actions de haine.

Haïr.	s'emporter.
battre.	nuire.
maltraiter.	médire.
outrager.	abandonner.
chasser.	plaider.
disputer.	maudire.
quereller.	blâmer.
jurer.	injurier.

Actions manuelles.

Travailler.	voler.
manier.	dérober.
toucher.	déchirer.
lier.	briser.
délier.	cacher.
attacher.	nettoïer.
détacher.	salir.
serrer.	frotter.
lâcher.	tâter.
ôter.	montrer au doigt.
prendre.	égratigner.

Pour les arts, & métiers.

Enseigner.	imprimer.
peindre.	relier.
graver.	broder.
dessigner.	enchasser.
dorer.	émailler.
argenter.	coudre.
tailler.	filer.
couper.	tricoter.
cuire.	

Pour acheter.

Demander le prix.	donner.
combien vaut.	vendre.
combien coûte.	prêter.
marchander.	emprunter.
offrir.	paier.
surfaire.	pefer.
convenir de prix.	paier comptant.
mefurer.	faire credit.
compter.	engager.

Pour les maladies.

Panfer.	prendre medecine.
guerir.	purger.
fe porter mieux.	faire une incifion.
empirer.	bander.
avoir la fiévre.	piquer.
avoir le friffon.	fonder.
tirer du fang.	être affoupi.
prendre un lavement.	avoir une infomnie.

Pour l'armée.

Faire des levées.	écuilloi.
lever des foldats.	feller.
enrôler.	mettre la main à l'épée.
battre le tambour.	charger les armes.
battre la quaiffe.	tirer.
fonner la trompette.	faire une décharge.
marcher.	donner bataille.
loger.	gagner la victoire.
monter à cheval.	mettre en defordre.
defcendre.	mettre en déroute.
brider.	avancer.

reculer.
ru ner.
bruler.
defoler.
piller.
faccager.
devalifer.
defarmer.
bloquer.
affieger.
ouvrir la tranchée.
inveftir.
faire des lignes.
donner l'affaut.

prendre d'affaut.
faire joüer la mine.
capituler.
fe rendre à compofition.
tuer.
donner quartier.
bleffer.
furprendre.
battre la retraite.
faire halte.
camper.
décamper.
ranger en bataille.
attaquer.

Pour l'Eglife.

Prier Dieu.
chanter.
fe mettre à genoux.
fe lever.
prendre de l'eau benite.
aller à la Meffe.
entendre le Sermon.
dire les Vêpres.
fe confeffer.
fe communier.
prêcher.
batifer.
confirmer.
tonfurer.
porter le faint Sacrement.
donner l'extréme onction.
faire le catechifme.

faire la proceffion.
fonner les cloches.
carillonner.
tinter.
parer l'autel.
allumer les cierges.
dire fes prieres.
dire fon chapelet.
donner la benediction.
dire Complies.
dire le falut.
fervir la Meffe.
quêter.
adorer.
s'humilier.
enfevelir.
enterrer.

Pour la cuisine.

Boüillir.	faire un ragout;
cuire.	saler.
rôtir.	poivrer.
mettre le pot au feu.	mettre du vinaigre.
fricasser.	mettre de l'huile.
frire.	faire une fricassée.
mettre sur le gril.	faire une compotte.
larder, piquer.	dresser le dessert.

RECUEIL
DE BONS MOTS,
ET
DE PLUSIEURS
HISTORIETTES PLAISANTES.

Par le Sieur DE VENERONI.

Sur les Armes de la Ville de Rome.

S. P. Q. R.

Ces historiettes seront d'autant plus profitables aux Etrangers, qu'ils apprendront en les lisant la maniere de faire des recits.

LEs Samnites aprés avoir vaincu les Romains, pour abaisser leur orgüeil, & leur audace, prirent pour devise ces quatre lettres que l'on appelle ordi-

nairement Talisman, S. P. Q. R , ausquelles ils don-
nerent cette interpretation , *Samnito Populo Quis
Resistes* ? Les Romains pour reprimer la temerité des
Samnites leurs voisins, se servirent dans leurs éten-
dards du même Talisman S. P. Q. R ; ce que les
Samnites leur reprochant , ils répondirent que ce n'é-
toit pas leur intention de se servir de leurs armes ,
mais d'y répondre par le même Talisman qui signi-
fioit *Senatus , Populus Que Romanus.*

On donne differentes expressions à ce Talisman
S. P. Q. R. Ce qui arriva à un Gentilhomme François , qui avoit entendu dire que ces lettres signi-
fioient *Si Peu Que Rien* , merite bien que l'on en
fasse le recit.

Quelques François trouvant la verdée de Florence
à leur goût , dirent : Puisque nous sommes sur les
lieux , beuvons en tant que nous pourrons. L'un d'eux
aprés avoir bien bû , étant pressé de boire une santé
qu'on lui avoit porté , dit à son valet : Donne - moi
donc du vin , mais selon les armes de Rome. Le valet lui apporta une rasade , c'est-à-dire un verre plein
jusqu'au bord. Son maître lui dit : N'as-tu pas de
honte , maraud , de me donner une rasade , quand je
te demande à boire selon les armes de Rome ; ne
sais-tu pas que S. P. Q. R. signifie *Si Peu Que Rien.*
Je vous demande pardon , Monsieur , je croiois que
cela vouloit dire , *Si Plein Qu'il Répande.*

D'un Jardinier.

L E Président Pontac donnant audience à son jardinier , qui lui recommandoit son procés , s'apper-
çut que ce jardinier avoit la vuë fixée sur une por-
tiere où les armes du Président étoient au milieu ,
avec son chifre aux quatre coins , lui demanda ce
qu'il regardoit si attentivement. Le jardinier lui aïant
répondu qu'il cherchoit l'explication des quatre P.

entrelaſſés, le Preſident lui dit que c'étoit ſon nom, Pierre Pontac Premier Preſident. Je me ſuis trompé, repliqua le jardinier ; je croiois que cela vouloit dire, Pauvres Plaideurs Prenez Patience.

D'un Abbé.

UN Abbé ſur le declin de ſon âge, ſollicité par ſon neveu de lui reſigner ſon Abbaïe, l'Abbé lui fit entendre que dans ſa jeuneſſe il avoit eu beaucoup de peine d'apprendre ce que c'étoit A. B. mais à preſent qu'il le ſavoit, il ne pouvoit ſe reſoudre à dire C D. Le neveu étalant ſa capacité, & les grades qu'il avoit pris en Sorbone, le preſſoit fortement à cauſe de ſa vieilleſſe. L'Abbé pour s'en défaire lui dit : Si vous m'expliquez comme je l'entens ce titre qui eſt ſur cette croix, je ferai quelque choſe pour vous. Le neveu l'expliqua auſſi tôt ſur le nom du Sauveur. Non, non, dit l'Abbé, je ſai ce que vous dites, mais je l'entens d'une autre maniere, & c'eſt la réponſe que j'ai à vous faire, *Ie Ne Reſignerai Jamais.*

De Torquato Taſſo.

QUelques Cardinaux ſe promenant avec Torquato Taſſo derriere le Capitole à Rome, témoignoient avoir du chagrin de ce que le Pape Leon XI. leur avoit refuſé une grace, quoi qu'ils ſe fuſſent fortement emploïés pour ſon élevation. L'un d'eux jetta les yeux ſur un ancien portail, où il y avoit quelques lettres en chifre Romain, que le tems avoit preſque effacées ; les aïant enfin déchifrées ils connurent qu'il y avoit M CCC L. XI. Ils demanderent au Taſſo ſi ces lettres ne vouloient pas dire 1361 Vous ne l'entendez pas, répondit Taſſo ; ces lettres veulent dire, *Multi Cardinales Cœci Creaverunt Leonem Undecimum.*

Souhaits pour des loüis d'or.

QUatre amis convinrent ensemble de faire chacun un souhait pour voir qui auroit le plus de loüis d'or. Le premier dit : Je voudrois que l'Eglise Nôtre-Dame fût toute remplie d'éguilles, & que l'on en fist des lacs jusques à ce qu'elles fussent toutes usées, & qu'ensuite tous ces lacs fussent remplis de loüis d'or. Le second dit : Je voudrois que tous les arbres de la forêt de Fontainebleau, tant gros que petits, fussent coupez à dix pieds de terre, & avoir autant de loüis d'or que l'on en pourroit compter sur chacun jusqu'à ce qu'ils soient entierement tous usés, & jusqu'à la racine même. Puisque vous en souhaitez tant, dit le troisiéme, je veux en souhaiter plus que vous deux : Je voudrois en avoir autant de mille qu'il peut y tenir d'atomes depuis le ciel jusques à la terre. Le quatriéme voïant que les autres le railloient sur ce qu'il n'en pouvoit pas tant souhaiter qu'eux, gagea qu'il en souhaiteroit davantage, & dit aprés : Je voudrois que le diable vous eût emporté tous trois, & que je fusse vôtre heritier.

Fourberie des filous.

DEs filous de la premiere classe firent porter chez eux une charge de cotrets, par un crocheteur des mieux faits ; comme il attendoit son païement, celui qui paroissoit le maître lui demanda s'il vouloit gagner un écu, & un bon déjeuné ; il l'accepta tres-volontiers. Ils lui dirent qu'ils vouloient surprendre un de leurs amis, qui les attendoit ; que pour cet effet il faloit qu'ils changeassent tous d'habits, sans se masquer. Le maître s'habilla en Abbé, les gentilshommes en cocher, & en laquais ; & ceux qui paroissoient cocher, & laquais s'habillerent en gentilshommes. Il ne s'agissoit plus que de déguiser le crocheteur, auquel on donna un habit d'Evêque, avec une croix, & une bague qui paroissoient de prix ; aprés lui avoir fait la barbe, ils monterent en carosse, & se firent mener chez un fameux marchand, où ils trouverent un de leurs amis qui avoit prevenu le marchand. On fit voir à M. l'Evêque toutes les plus belles étofes, & les plus riches brocards d'or, & d'argent : l'un des faux gentilshommes en faisant le calcul avec des doubles loüis, dont il en avoit un grand sac tout rempli. Aprés avoir mis à part un grand nombre d'étofes, on demanda à Sa Grandeur, si elle souhaitoit se rafraîchir. Le marchand ravi de l'honneur qu'on lui faisoit, pria l'Evêque d'entrer dans une chambre à côté. On porta cependant les étofes dans le carosse, & celui qui avoit la bourse resta pour les païer. Peu de tems aprés un des laquais vint avertir qu'il y avoit un grand embarras, que le carosse ne pourroit pas avancer de long tems. L'homme à la bourse y accourut pour y mettre ordre. Le marchand s'étonnant qu'il ne voïoit revenir persone, demanda à l'Evêque s'il n'étoit pas en peine de ses gens ; l'Evêque en riant lui répondit : Est-il possible que vous ne me reconnoissiez point ? Je suis maître Jacques vôtre crocheteur ; ne dites mot, ce sont vos amis, ils me donnent un écu & à déjeuner, pour m'être habillé en Evêque. Le marchand en fut pour ses étofes, & le crocheteur pour une longue prison.

D'un Crocheteur.

MArinette l'un des plus facetieux crocheteurs de Paris, ne sachant comment faire enterrer sa femme, s'avisa de prier son hôte de lui prêter un habit noir, avec lequel il s'en alla à la Sacristie de sa Paroisse ordonner un enterrement tres magnifique. Le Sacristain étant venu le lendemain avec la liste des frais funeraux, trouva Marinette sur une chaise de paille, fumant une pipe auprés d'un petit feu de deux tifons pofés fur deux pavés qui lui fervoient de chenets. Le Sacriftain fort étonné ne laiffa pas de lui prefenter fon memoire. Marinette en le prenant lui dit : Quoi, Monfieur, vous avez ma femme, & vous me demandez de l'argent ? ramenez-la moi, je vous en donnerai deux fois autant.

Vengeance de Michel Ange.

Michel Ange eut ordre du Pape de peindre à Romme la Chapelle de Sixte à S. Pierre. Il peignit la gloire en haut, & l'enfer du côté de l'entrée, & au deffus de la porte il y fit un diable tres-affreux, qui avoit tant de traits de Monfeigneur Sacrifte, qu'on le reconnoiffoit fous la figure de ce demon. Ce Monfeigneur qui avoit été autrefois Sacriftain de S. Pierre, & qui fe fouvenoit d'avoir refufé à Michel Ange pendant qu'il commençoit à peindre, de copier quelque Tableau du Vatican, aïant inutilement emploïé fes amis, pour perfuader au Peintre de changer ce vifage, n'en pouvant venir à bout, il s'adreffa au Pape, qui favoit l'affaire, & à qui Michel Ange avoit dit, que s'il étoit à fa liberté, on ne toucheroit jamais à cette tête, tant elle exprimoit bien la rage des diables. C'eft pourquoi le Pape dit à ce Prelat : Si vous étiés en Purgatoire, nous pourrions vous en retirer; mais le Peintre vous a mis en Enfer, nôtre autorité ne s'etend pas jufques là.

D'un Gueux.

UN certain gueux demandoit l'aumône faifant fonner une petite clochette, montrant par fes geftes qu'il étoit fourd, & muet ; ce que voïant un honête homme, il le fit venir auprés de lui, aprés avoir dit à quelques-uns de fes amis, qu'il vouloit faire un miracle en leur preſence. Le gueux s'en étant approché, cet honête homme lui montra un liard d'une main, & une piece de quatre ſous de l'autre, & lui dit : Vois ce que tu veux choiſir ; ſi tu avouës que tu n'es pas muet, je te promets de te donner la piece de quatre ſous : mais ſi tu t'obſtines à le contre-faire, tu verras comme je te regalerai. Le gueux ſans heſiter répondit, qu'il faloit bien trouver quelque moïen de gagner ſa vie ; chacun ſe prit à rire. Le pauvre ſe ſouciant fort peu de leur riſée, s'en alla trop content d'avoir une piece de quatre ſous.

D'un Galerien.

UNe Dame de qualité voïant un jeune homme bien fait dans une galere, lui demanda pour-quoi il y avoit été condamné. Le galerien lui ré-pondit que c'étoit pour avoir menti. La Dame en fut d'autant plus ſurpriſe, que le galerien lui aſſura qu'il n'y étoit que pour avoir menti. Peut-on, re-pliqua la Dame, condamner un homme aux galeres pour avoir menti ? Oui Madame, dit le galerien, car ſi j'avois dit la verité aux Juges ils m'auroient fait pendre.

Du Duc d'Oſſone.

LE Duc d'Oſſone Viceroi de Naples viſitant les galeres, demanda à pluſieurs galeriens le ſujet de leurs condamnations : chacun s'excuſoit le mieux qu'il pouvoit pour paroître innocent. Il s'adreſſa en-fin à un, qui lui avoua qu'il avoit merité plus que la galere, & lui fit un long détail de ſes vols, de ſes crimes, & de ſes blaſfémes. Le Duc s'écria auſ-ſi-tôt : Que l'on me détache ce coquin, qu'on ne le laiſſe pas parmi tant d'innocens, chaſſez-le ; il ne faut qu'une brebis galeuſe pour gâter tout un trou-peau.

Réponse plaisante d'une servante.

QUatre Gentilshommes Allemans venant à Paris, logerent dans une hôtellerie, où persone n'entendoit l'Allemand. Aprés avoir soupé, ils firent entendre par leurs signes qu'on les menât dans leur chambre pour aller coucher. Leurs valets étant allés avec le palfrenier mener les chevaux à la riviere, la maîtresse dit à une grosse citroüille de servante qu'elle tirât les bottes d'un de ces Messieurs, qui avoit beaucoup de peine à se debotter. La servante s'étant mise en posture, & tirant à elle de toute sa force, fit un pet terrible, qui fit éclater de rire les Allemans, & la maîtresse, qui dit à sa servante : N'as-tu pas de honte, truie infâme, de peter devant ces Messieurs ? Bon bon, repartit la servante, ils ne l'ont pas entendu ; ce sont des Allemans, ils n'entendent pas peter à la Françoise.

D'un Gentilhomme François.

Pour entendre cette histoire, il faut savoir que pour exprimer en Italien, je veux jeûner, on dit, voglio digiunare ; & si on veut mettre en Italien, je veux déjeuner, on doit dire, voglio far colatione.

UN Gentilhomme François étant arrivé à Boulogne, voulut voir ce qu'il y avoit de plus curieux, & pour cet effet il sortit le lendemain de grand matin. Aprés en avoir vû une bonne partie, il revint avec un bon appetit à son hôtellerie, & en entrant il dit à l'hôte : *Signor, voglio digiunare.* L'hôte croïant de bonne foi que le Gentilhomme vouloit jeûner, lui dit : Monsieur, vous êtes le maître. Le Gentilhomme sans s'expliquer davantage, monta à sa chambre, & écrivit pendant long tems ce qu'il avoit remarqué.

L vj

& voïant qu'on ne lui apportoit rien , il se mit à la fenêtre , appella l'hôte , & lui dit : Vous souvenez-vous
que *voglio digiunare?* Je le sai , & je m'en souviens,
repliqua l'hôte. Le Gentilhomme sans attendre autre
chose se remit à écrire ; mais un quart d'heure aprés
se sentant alteré il retourna à la fenêtre , & dit d'un
ton de colere : Quelle maniere d'agir est- ce là ? Ne
vous ai - je pas dit il y a une heure que *voglio digiunare* ce matin ? Il est vrai Monsieur , repartit l'hôte,
& vous êtes le maître de *digiunare* toute la journée.
Comment, comment, dit l'autre , toute la journée ?
vous vous moquez de moi , je n'ai rien mangé ; je
veux boire , & manger Si vous voulez manger , dit
l'hôte , vous ne voulez donc pas *digiunare?* parce
que le mot *digiunare* veut dire qu'il ne faut point
manger , ni boire. Le François s'étant alors aperçû de
l'équivoque , s'écria plaisamment : Maudit soit le mot
digiunare ; je devois dire , *far colatione.* Je ne dirai
de ma vie *digiunare* , car j'ai trop bien appris à mes
dépens ce que c'est.

Du Pape Sixte Quint.

DU tems que le Pape Sixte Quint étoit Procureur
General de l'Ordre des Cordeliers , sous le nom
de Pere Montalte , il coucha une nuit dans un Convent des Peres Augustins ; & quoi qu'il n'y fût pas
connu , il pria le Pere Procureur de lui prêter dix écus,
desquels il fit son billet , & le signa d'un autre nom
que du sien ; ce qui fut cause que toutes les peines
que le Pere Augustin se donna furent perduës. Quelques années aprés le Pere Montalte fut créé Pape ; &
lisant un jour son journal , il reconnut qu'il étoit re-
devable de dix écus à ce Pere Procureur. Il fit écrire
aussi-tôt à l'Evêque du lieu , de lui envoïer ce Pere
Procureur avec une bonne escorte. L'Evêque qui en
vouloit au Pere Procureur , contre lequel il avoit écrit

à Rome pour tâcher de le faire changer de Convent, crut que fes amis avoient operé favorablement auprés du Pape. Il fit efcorter le Pere Procureur par quatre Cordeliers, qui le gardoient mieux que n'auroient fait dix archers. Etant arrivé en prefence du Pape, il fe profterna à genoux, difant : Je vous demande pardon, Saint Pere, de tout ce que j'ai fait contre mon Evêque pour me juftifier d'une calomnie que l'on m'impute à tort. Le Pape qui ne favoit rien de ce differend, lui répondit : Vous avés tort de vous attaquer à vôtre Evêque, & nous avons un autre procés à vous faire : vous êtes accufé d'avoir diffipé les biens de vôtre Convent. Le pauvre Auguftin s'entendant reprocher une telle faute par le Pape, s'écria : O Saint Pere, avec la permiffion de vôtre Sainteté, on ne trouvera jamais que j'aie fait aucun tort à ma Religion. Quoi, reprit le Pape d'un ton de colere, vous ofez le nier ? N'eft-il pas vrai que vous avez prêté il y a long-tems dix écus à un Pere Cordelier ? Il n'eft que trop vrai. Je le croïois honête homme ; mais j'ai reconnu que c'étoit un fourbe. Tout beau, tout beau, dit le Pape, nous le connoiffons, il nous a donné ordre de vous fatisfaire, & c'eft moi même. Le pauvre Auguftin extrémement confus, joignant les mains, mit la face contre terre. Le Pape après l'avoir fait lever lui dit : En reconnoiffance du plaifir que vous m'avés fait, je ne veux point que vous aïez de differend avec vôtre Evêque, la partie n'eft pas égale ; mais afin qu'elle la foit, je vous fais Evêque comme lui.

De trois amis.

Trois amis aprés avoir bien bû, pour abattre la fumée du vin furent joüer à la boule, & retournerent enfuite au cabaret, où ils prirent du poil de la bête, & bûrent d'une fi grande force, en parlant de l'Opera nouveau, que l'on fut obligé de les mettre dans un fiacre pour aller à l'Opera ; & ne pouvant se tenir sur leurs pieds, ils entrerent dans une loge, où ils s'endormirent avant qu'il commençât, & ne s'éveillerent que sur les deux heures aprés minuit. Le premier qui étoit couché sur le plancher, croïant prendre son pot de chambre, & n'en trouvant pas, pissa sur son camarade, qui s'éveillant en sursaut, s'écria si fort que le troisiéme s'éveilla. Les deux autres lui demanderent où il étoit : celui-ci croïant être chés lui, répondit qu'il étoit dans son lit, & commençant à tâtonner, ne trouvant que du bois, ils crurent être au cabaret. Mais persone ne répondant à leurs cris, ils firent autant de reflexion que des gens qui n'avoient pas cuvé leur vin en pouvoient faire ; & s'examinant sur ce qu'ils avoient fait, ils se souvinrent qu'ils avoient été au cabaret & au jeu de boule, mais point du tout ni du carosse, ni de l'opera, & resterent dans cette inquietude jusqu'au point du jour, que l'on vint leur ouvrir, & les tirer de la confusion où ils étoient. Voila ce que cause le vin, quand on en prend par excés.

D'un Maréchal.

UN Maréchal de village aïant amassé quelque peu d'argent à ferrer & panser des animaux, vint à Paris s'ériger en Medecin. Il y eut du bonheur, en ce que logeant chez un Gargotier dont la femme étoit malade, avec de violens transports au cerveau, le mari aïant entendu le Maréchal raisonner sur differentes maladies, le croïant Medecin, fut avertir sa femme, avec laquelle il faisoit un tres mauvais ménage, qu'il avoit fait venir un tres-habile Medecin, qui connoissoit la cause, l'origine, & les effets de toute sorte de maladies. On mena le Maréchal au lit de la malade ; aprés un long galimatias il promit de la guerir en peu de tems, ce qu'il fit en deux jours, parce que la malade lui avoit fait confiance que sa maladie

n'étoit qu'une feinte, pour retirer fon mari de fes débauches. Cette prompte guerifon lui attira tant de credit parmi les petites gens, qu'il ne fçavoit aufquels
entendre, tant il avoit de pratiques. Il donnoit toûjours bonne efperance à fes malades : mais aux parens
& amis il faifoit fi bien valoir fon talent, qu'Il dit un
jour à un de fon village qui le connoiffoit d'origine,
& qui lui avoit demandé comment on pouvoit croire
qu'il fût Medecin : Je vais, dit il, vous en éclaircir,
& vous faire connoître que je fuis auffi habile, &
autant adroit que les plus fameux Medecins de Paris.
Quand je ne connois pas une maladie, je dis qu'elle
eft dangereufe, & maligne ; on me paie mes vifites,
pour une ordonnance de rubarbe & de fené, pour un
firop, une faignée, ou un remede que j'ordonne. Cependant je me divertis à leurs dépens, & je m'étonne
fans en rien dire, qu'il y ait des gens fi fous pour donner des recompenfes à ceux qui les tuent, & font les
cimetieres boffus à leurs dépens.

D'un Predicateur.

UN Predicateur ne favoit pour toute fcience qu'un
Sermon par cœur, qu'il debitoit affez bien dans
differens villages où il alloit. Une perfone de qualité
l'aiant entendu, le regala magnifiquement, & le pria
fi fort de refter le jour fuivant pour prêcher, que toutes fes excufes furent inutiles. Le Predicateur pendant
la nuit s'avifa d'une rufe ; étant monté en chaire le
lendemain il dit : J'eus hier l'honneur de prêcher devant vous ; mais comme il y a des perfones qui difent que j'ai cité quelques paffages qui ne font pas
conformes à la doctrine chrétienne, pour me juftifier
je vais vous repeter mon Sermon mot pour mot. Et
ainfi il fe tira de l'embarras où il étoit.

D'un autre Predicateur.

ON vint avertir un Predicateur qui regardoit joüer ses amis au berlant le jour des Rois, qu'il étoit tems qu'il montât en chaire. On le pria de voir le dernier coup des joüeurs, qui se piquerent au jeu ; chacun rencherissant sur l'autre, y mettant de grosses sommes d'argent. Enfin le dernier y alla de son reste. L'un croïant avoir gagné montra quarante & un de point : un autre montra trois as : le dernier fit voir trois rois, & un de retourne, qui le fit gagner. Le Predicateur dit : Voila un beau coup, & j'en vais parler au commencement de mon Sermon ; ce qu'il fit, car il dit : Un Roi, deux Rois, trois Rois ; si le quatriéme ne fût venu tout étoit perdu.

D'un autre Predicateur.

UN Predicateur aïant perdu le fil de son discours, se trouvant embarassé s'avisa d'une ruse, & dit : Messieurs, je me souviens que j'ai oublié de vous dire qu'une persone dans une extréme affliction se recommande à vos prieres. C'est pourquoi disons-lui un Pater chacun tout presentement. Il se mit à genoux, tira son Sermon de sa poche, sans que l'on s'en apperçût, & reprit le fil de son discours.

D'un Soldat.

UN soldat se trouvant en pleine mer avec sa femme, dans le tems d'une grande tempête, vit que les mariniers jettoient les fardeaux, & tout ce qu'ils rencontroient sous leurs mains, criant que l'on jettât au plus vîte les choses les plus pesantes : ce qu'entendant le soldat, il prit aussi-tôt sa femme, & la jetta dans la mer, disant qu'il n'avoit rien de plus pesant, ni de plus incommode qu'elle.

Du Pape Jule II.

UN Noble Romain ami intime du Pape Jule II. lui dit que plufieurs fe plaignoient que Sa Sainteté s'appliquoit avec trop de chaleur à la guerre contre les François, puifque Dieu lui avoit donné les clefs de fon Eglife, pour ouvrir les portes de la reconciliation, & fermer celles de la difcorde. Ceux qui difent cela, repliqua le Pape, ne favent pas peut-être que faint Pierre, & faint Paul ont été compagnons, & tous les deux Princes de l'Eglife. Si mes predeceffeurs fe font fervis de la clef de faint Pierre, je veux me fervir de l'épée de faint Paul. Vôtre Sainteté fait pourtant, répondit le Noble, que Jesus-Christ dit à Pierre : *Remets ton épée dans le fourreau.* Il eft vrai, repartit le Pape ; mais fouvenez-vous que Jesus Christ ne le dit pas auparavant, mais feulement aprés que Pierre eut frapé.

D'un Noble Romain.

LE Poëte Ennius donna ordre à fa fervante de dire à un Noble Romain qui frapoit à fa porte, qu'il n'étoit pas au logis. Le Noble aïant fû la réponfe de la fervante, lui dit : Je fuis fâché que vôtre maître n'eft pas au logis, & fe retira, quoique peu auparavant il eût vû le Poëte entrer chez lui. Quelques jours aprés le Poëte alla chez le Noble pour lui parler d'une affaire de confequence, fe flatant qu'il lui accorderoit fa protection, & qu'il l'affifteroit dans fes preffans befoins. Dans le même tems qu'Ennius frapoit à fa porte, le Noble fe mit à fa fenêtre, & dit à ce Poëte : Le maître n'eft pas au logis. Comment fe peut-il qu'il ne foit pas au logis, puifque je le vois, & que je lui parle ? Le Noble lui répondit : Je crûs bien dernierement ta fervante, pourquoi ne veux-tu

pas me croire prefentement ? Saches donc que je fuis
au logis pour d'autres , mais non pas pour toi.

Réponfe d'un valet.

UN Napolitain homme fort riche avoit un valet
tres-fidele , mais extremement railleur. Comme
il fe moquoit un jour de fes camarades, fon maître
lui dit : *Tais-toi , tais-toi , en verité tu es le Roi des
fous.* Ce valet étoit fâché de s'entendre appeller Roi
des fous & par fon maître, & par les autres domef-
tiques. Il arriva qu'un jour fon maître croïant lui im-
pofer filence fur fes railleries , lui dit à fon ordinaire :
Tais-toi Roi des fous Plût à Dieu, repliqua le valet,
que je fuffe le Roi des fous ! mon roïaume feroit le
plus grand de toute la terre, & vous auffi mon maître , vous feriez mon vaffal.

Fineffe d'un païfan.

UN païfan portant une charge de bois au marché pour la vendre, quoi qu'il criât fouvent ,
gares, gares, un brutal ne voulant pas fe retirer eut
fon manteau dechiré. Il fe faifit du païfan, & le
mena devant le Juge pour le lui faire païer Le Juge
aïant entendu le fait du plaignant, demanda au païfan
fi la plainte étoit veritable ; mais jamais il ne voulut
répondre aux demandes qu'il lui fit. C'eft pourquoi
s'étant tourné vers celui du manteau , il lui dit : Que
veux-tu que je faffe à un muet ? Comment muet , re-
pliqua-t-il il n'eft pas muet, puis qu'il crioit tantôt
de toute fa force, *gares , gares.* Puis qu'il crioit, dit
le Juge , tu devois t'éloigner , il n'auroit pas déchiré
ton manteau.

D'un Cordelier, & d'un Ministre.

UN Cordelier retournant à son Convent, monté sur un âne, rencontra dans un bois un Ministre sur un tres-beau cheval ; aprés plusieurs raisonnemens ils se mirent à disputer sur la Religion. Le Cordelier croiant avoir prouvé suffisamment la continuation de la Religion Romaine depuis saint Pierre jusqu'à present ; ce que le Ministre niant fortement, le Cordelier ne put s'empêcher de lui dire qu'il étoit un vrai bourreau de son ame, puisque connoissant la verité il ne la vouloit pas croire. Le Ministre n'eut pas le tems de lui répondre, parce qu'en ce moment ils se trouverent proche d'une riviere, que l'on passoit dans un baque, dans lequel ils entrerent. Le Ministre s'étant aperçû que l'âne du Cordelier étoit tout tremblant, lui dit : Pere, si vous n'êtes pas plus sûr dans vôtre Religion que vôtre âne dans le baque, vous devriez bien trembler comme lui. Le Cordelier lui repartit aussi-tôt : Si vous vous trouviez comme cet âne Monsieur, les fers aux pieds, la corde au cou, un Confesseur d'un côté, & le bourreau de l'autre, vous auriez plus peur que lui.

Autre.

UN Ministre étant en voïage avec un Cordelier, lui demanda pourquoi il ne saluoit pas un arbre de haute futaie comme il avoit salué une croix ? Le Cordelier lui dit qu'il y avoit bien de la difference de l'une à l'autre. Sur quoi ils entrerent en contestation, qui ne finit qu'aprés que le Cordelier aïant sçû du Ministre qu'il étoit marié, il l'interrogea pourquoi il ne baisoit pas les fesses de sa femme de même que sa bouche, puisque tout étoit chair.

D'un païsan, & de deux Cordeliers.

DANS le tems d'un grand hiver, que la terre étoit couverte de neige, & qu'il geloit bien fort, un païsan retournant chez lui, descendit de son cheval pour marcher à pied. Deux Cordeliers s'en étant apperçus de loin, l'un dit à son compagnon, que s'il avoit un cheval il ne seroit pas si fou de le mener par la bride, mais qu'il se feroit bien porter au plus vîte jusqu'au Couvent. L'autre lui répondit qu'il avoit assez d'adresse pour enlever le cheval du païsan, pourveu qu'il voulût lui prêter la main, ce qu'il lui promit. Ils doublerent le pas, & s'approcherent ensuite tout doucement du cheval. Le Cordelier détacha avec adresse la bride du cheval, la mit sur sa tête, suivant le païsan, pendant que l'autre avec le licou détourna le cheval. Quelque tems aprés le païsan n'aïant plus si froid, se retourna pour remonter à cheval ; mais il pensa mourir de peur, & étoit prêt de gagner aux pieds, si le Cordelier s'étant mis à genoux ne l'eût arrêté, lui demandant pardon ; disant que par ses débauches & l'énormité de ses crimes il avoit été condamné à cette metempsicose ; & que le terme de sa penitence étant fini, il étoit retourné à son premier être. Le païsan un peu rassuré lui repartit : Allez, mon Pere, changez de vie, vous n'avez pas mieux valu étant cheval qu'étant Cordelier. Il remercia le païsan, & alla trouver son compagnon. Peu de jours aprés ils prierent un de leurs amis d'aller à la foire pour vendre le cheval, ce qu'il fit. Pendant qu'il alloit avec l'acheteur pour recevoir le païement, le premier païsan les rencontra, qui reconnoissant son cheval, & aïant sû qu'il étoit vendu, il dit à celui qui l'avoit acheté, qu'il se donnât bien de garde de le païer ; qu'il ne fût pas si fou de croire que cette rosse fût un cheval ; que c'étoit l'ame d'un Cordelier, qui étoit retourné dans ses débauches ; que c'étoit l'animal le plus vicieux qui soit au monde, & qu'il l'avoit fait enrager cent mille fois.

D'un païsan.

UN païsan avoit porté un chevrau au marché pour le vendre. La femme d'un Procureur qui étoit grosse aïant envie d'en manger, dit à une de ses amies qui étoit avec elle : Voiez, Madame, quel beau chevrau, achetons-le, j'en païerai la moitié, & demain, pendant que nos maris seront au Palais avec leurs clients, nous le mangerons avec nos voisines que vous savez. J'en mangerois volontiers, dit sa compagne ; mais il est trop jeune, *il n'a pas encore de cornes*. Ne vous en étonnez pas, repartit le païsan, *c'est qu'il n'a pas encore de femme*.

D'un Gascon.

UN Gascon aprés avoir bien marchandé, prit six bottes de raves pour deux liards, il demanda ensuite à la femme qui les lui avoit venduës, du sel pour manger ses raves. La femme lui répondit qu'elle vendoit des raves, & non pas du sel. Alors le Gascon répliqua brusquement : *Cadebious* ma bonne femme, ou reprenez vos raves, ou donnez-moi du sel, puisque ceux qui m'ouvrent des huitres me fournissent de poivre à ma discretion.

EQUIVOQUES

OU

ALLUSIONS.

LE Roi Loüis XIII. aïant fû qu'un jeune homme âgé feulement de feize ans faifoit fur le champ des allufions ou équivoques fur tous les mots que l'on pouvoit lui dire, ordonna qu'il vinft le lendemain au foir. Le Roi lui dit d'équivoquer fur *Ciceron*. Il répondit auffitôt :

Si fe rompt que m'importe ?

Seneque. Sa réponfe fut auffi prompte que la premiere, & repartit :

Ce n'eft que vent.

Demofthene. Il rêva fur ce mot, & dit peu aprés :

Si toutes les Villes ont *des maux, Stenny* en aura fa par.

Henrion Organifte de la Chapelle étant prefent, le Roi dit de faire une allufion fur *Henrion.* Auffitôt ce jeune homme répondit :

Nous *en rions.*

Ce qui fit éclater de rire, & particulierement Monfieur de Bifcara l'un des premiers Gentilshommes de la Cour. Le Roi le voïant rire de fi bon cœur dit à ce jeune homme : Je ne vous ferai plus qu'une propofition, qui eft d'équivoquer fur *Bifcara.* Il répondit fur le champ :

Cette chandelle que tient ce Page n'eft-ce pas une belle *bifque à rats.* ?

FIN.